L'EUROPE

(MOINS LA FRANCE)

CLASSE DE TROISIÈME

N° 132-3.

COURS DE GÉOGRAPHIE

POUR LES CLASSES DE L'ENSEIGNEMENT SECONDAIRE

PAR

Une Réunion de Professeurs.

L'EUROPE

(MOINS LA FRANCE)

CLASSE DE TROISIÈME

LIBRAIRIE GÉNÉRALE
77, Rue de Vaugirard
PARIS VIe

A. MAME ET FILS
Éditeurs
TOURS

J. DE GIGORD
15, Rue Cassette
PARIS VIe

Spécimen d'une page du Cahier de Croquis Géographiques.

10 ÉTAT POLITIQUE DES ILES BRITANNIQUES

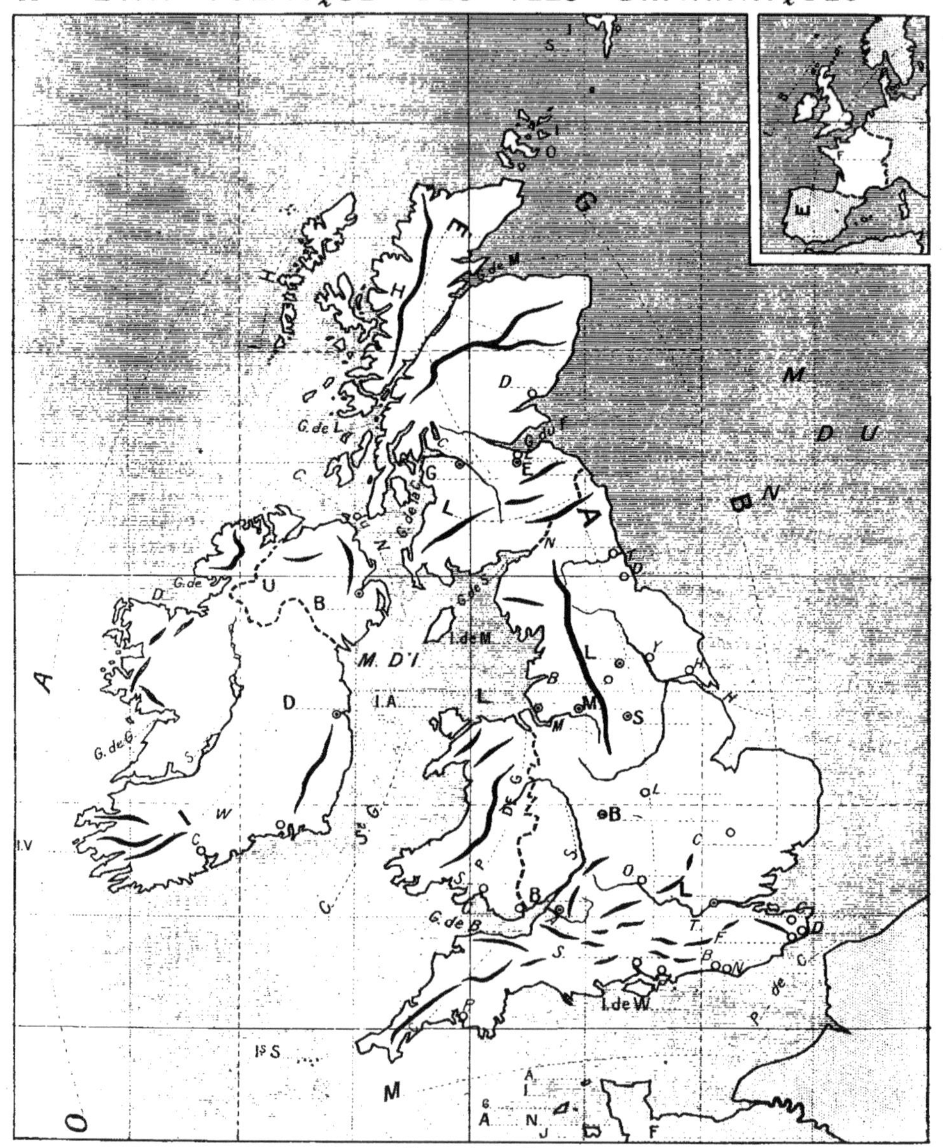

Exercice 9

EXTRAITS DES PROGRAMMES OFFICIELS

POUR LES CLASSES DE L'ENSEIGNEMENT SECONDAIRE

Décret du 3 Mai et Arrêté du 3 Décembre 1923.

CLASSE DE TROISIÈME

L'EUROPE

(MOINS LA FRANCE)

I

Étude d'ensemble : Géographie physique (1re à 5e) * ; Sol et Relief (2e) ; Climat (4e) ; Cours d'eau (5e) ; Mers et Côtes (3e) ; répartition des espèces végétales et animales (4e).

Géographie anthropologique : (races et nationalités) ; répartition de la population (6e) ; superficie et population comparées des États européens (page 79).

* Les chiffres entre parenthèses renvoient aux numéros des leçons correspondantes.

II

Étude particulière des différents États (7e à 34e).

Géographie physique et économique (on insistera surtout sur les principaux États ; on groupera les puissances secondaires créées depuis 1918 en États baltiques, États danubiens, États balkaniques). (L'étude physique de l'Europe centrale pourra être abordée dans son ensemble et non par États).

III

Grandes voies de communications européennes. Relations de l'Europe avec le reste du monde (35e).

TABLE DES MATIÈRES

Chaque leçon tient en une page ou en deux pages se faisant face, de manière que le texte et la carte correspondante ne soient jamais séparés.

SUPPLÉMENT D'ILLUSTRATION

1. — **Le Cap Nord** forme une falaise de 300 mètres de haut, terminant un plateau morne et caillouteux. C'est le point le plus septentrional de l'Europe, où, du milieu de mai à la fin de juillet on peut contempler le *soleil de minuit.*

2. — Le Sognefiord, sorte de golfe long, étroit, sinueux et profond, est situé au nord de Bergen ; il a 175 km. de long, 3 à 6 km. de large, 900 à 1.200 mètres de profondeur et des falaises de 1.200 à 1.700 m. de hauteur le dominent.

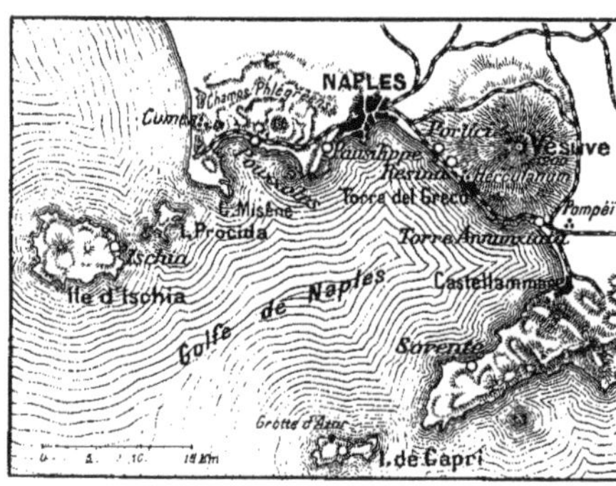

3. — Naples et le Vésuve.

4. — Lisbonne et ses environs.

5. — **Naples** s'étale sur les pentes inclinées du coteau qui s'élève au fond d'une baie incomparable. Son air très doux et son beau ciel attirent une foule de touristes. Le Vésuve, qui gronde ou mugit quand il ne lance pas des torrents de lave, domine la baie de son cône qui atteint 1.200 mètres d'altitude. Les pins-parasol et le maquis broussailleux du premier plan, peuvent donner une idée assez exacte de la végétation de climat méditerranéen.

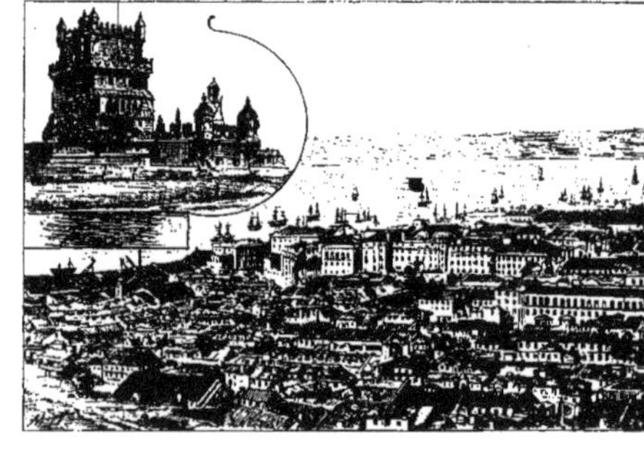

6. — **Lisbonne et la Tour de Belem.** — Lisbonne est avantageusement bâtie en amphithéâtre, sur la rive nord du goulet du Tage, de 2 km. de large, que l'on voit ici, et dont on aperçoit la rive sud. A l'ouest de la ville et sur la même rive, est le faubourg de Belem (Bethléem) dont on admire une tour carrée finement sculptée, de 35 mètres de haut, construite en 1300, près de l'endroit où Vasco de Gama fit voile pour les Indes orientales.

CLASSE DE TROISIÈME

L'EUROPE

(MOINS LA FRANCE)

1re Leçon. — SITUATION, DIMENSIONS ET CONFIGURATION DE L'EUROPE

1. — L'Europe sur le Globe

2. — Formes, limites et dimensions de l'Europe.

1. Situation et bornes. — L'Europe est située dans la zone tempérée de l'hémisphère nord. Elle prolonge, en presqu'île occidentale, la masse asiatique dont la séparent, conventionnellement, les Monts Ourals, le Fleuve Oural, la Mer Caspienne, le Caucase et la Mer Noire.

La Méditerranée, au Sud, l'unit à l'Afrique plutôt qu'elle ne l'en sépare.

Par suite de la rapidité des transports, l'Atlantique, qui s'étend entre elle et l'Amérique, est une route maritime franchissable en 4 ou 5 jours.

Enfin, l'Océan Glacial Arctique la limite au Nord.

C'est grâce à cette situation exceptionnelle, dans la zone tempérée et au milieu des terres émergées, que, depuis les temps modernes, l'Europe est le centre d'où rayonne la civilisation chrétienne.

2. Dimensions. — L'Europe a 10 millions de km², soit 18 fois la superficie de la France. C'est une des moins étendues des cinq Parties du monde : elle est un peu plus de 4 fois 1/2 plus petite que l'Asie, 4 fois plus petite que l'Amérique, 3 fois plus petite que l'Afrique, et un peu plus grande que l'Océanie ; ce qui fait, approximativement, qu'elle est la 18e partie des terres émergées et la 50e partie du Globe.

La plus grande longueur de l'Europe, du Nord au Sud, est de 4.000 km, soit 4 fois la longueur de la France dans la même direction ; elle est de 4.400 km. du Nord-Ouest au Sud-Est, et de 5.600 km. du Sud-Ouest au Nord-Est.

3. Configuration. — L'Europe est la Partie du monde la moins massive et la plus découpée par les mers intérieures et les golfes. Aucune autre ne compte autant de presqu'îles de dimensions si variées et pointant dans toutes les directions. Leur superficie forme les 3/10 de toute l'étendue.

De même, son pourtour est frangé d'un grand nombre d'îles de formes très diverses comptant pour 1/10 de la surface totale. Il ne reste donc, au tronc européen, que les 6/10 de sa superficie totale.

Aussi son littoral pourrait-il envelopper une contrée 10 fois plus grande.

L'Europe compte 1 km. de côtes pour 300 km² de surface, tandis que la même longueur de littoral correspond à 500 km² en Amérique, à 700 km² en Asie et à 1.050 km² en Afrique.

En Europe, les lieux les plus éloignés de la mer (vers le centre de l'Oural) en sont distants de 1.300 km., tandis qu'en Asie, l'Altaï en est deux fois plus éloigné.

Cette pénétration profonde de la mer dans les terres et cette multiplicité de découpures favorise l'égalité de climat, et le développement de l'activité maritime et de la civilisation.

DEVOIR ÉCRIT. — 1. *Comparez les formes de l'Europe et celle de l'Afrique, et indiquez-en les avantages et les inconvénients.* — 2. *Comparez la superficie de l'Europe à celle de la France et des Parties du monde, et la longueur de la France, du Nord au Sud, à celle qui sépare quelques points extrêmes de l'Europe.*

2e Leçon. — LE SOL DE L'EUROPE

1. Caractère du relief européen. — Le relief de l'Europe est, en général, peu élevé. Son altitude moyenne est inférieure à celle des autres Parties du monde.

Les 2/3 de sa surface sont formées de plaines ne dépassant pas 200 mètres ; elles sont réparties surtout au Nord-Est. L'autre tiers est formé de plateaux et de montagnes qui occupent surtout le Sud-Ouest.

2. Origine du relief européen. — Les montagnes de l'Europe résultent de trois principaux plissements géologiques vaguement orientés de l'Ouest à l'Est.

Le **Plissement calédonien**, le plus septentrional et le plus ancien, date du milieu des temps primaires. Il comprend les *Montagnes d'Ecosse* (la Calédonie des anciens, d'où le nom du plissement) et les *Monts scandinaves*.

Le **Plissement hercynien** remonte à la fin de l'ère primaire. Il s'étend de l'*Irlande* au *Plateau de Bohême* en passant par le *Pays de Galles*, la *Bretagne*, le *Massif Central*, les *Vosges* et la *Forêt Noire*, l'*Ardenne*, le *Plateau Rhénan*, et le *Harz* (la Forêt hercynienne des Romains). Plus au Sud, il comprend encore le *Plateau de Castille*, les *Maures* et le *Rhodope*.

D'abord d'un seul tenant, ce plissement hercynien a été ensuite disloqué par des effondrements, tels que ceux qui ont creusé la Mer d'Irlande et la Manche le Bassin Parisien et la Vallée du Rhin.

Ces deux premiers plissements anciens, ayant subi durant des milliers de siècles l'effet des agents atmosphériques, ont été plus ou moins nivelés.

Les sommets, usés par l'érosion, ont été transformés en *mamelons* arrondis, comme dans les Vosges ; ou même, rabotés jusqu'à la base, ils sont devenus des *pénéplaines*, comme en Bretagne, tandis que les matériaux d'érosion comblaient les vallées et les transformaient en plaines, ou bien, entraînés par les eaux, tombaient au fond des ravins dont ils exhaussaient le fond. C'est ainsi qu'entre ces deux anciens plissements s'étendent les *Plaines* de l'Angleterre, du Nord de la France, de la Belgique, de la Hollande, du Danemark et de l'Allemagne, et que les mers voisines : la Manche. la Mer du Nord et la Baltique, sont si peu profondes.

C'est aussi à ces époques reculées que la puissante végétation de l'époque hercynienne fut ensevelie sous les alluvions, et transformée, dans la suite des âges, en houille que l'on trouve précisément au pourtour du soulèvement hercynien.

Quant aux immenses plaines de l'Europe orientale, Pologne, Suède, Finlande et Russie, il ne reste rien de leurs anciens plissements ; le tout a été aplani par les glaciers qui recouvraient toute la région à l'époque quaternaire.

Ce sont ces vastes plaines du Nord et de l'Est qui forment la *Basse Europe.*

La *Haute Europe* occupe le Sud-Ouest. Elle est due au **Plissement alpin,** beaucoup plus récent que les deux précédents ; il est de l'époque tertiaire, aussi l'érosion l'a relativement peu entamé, et il offre les chaînes les mieux conservées, encadrant de profondes dépressions.

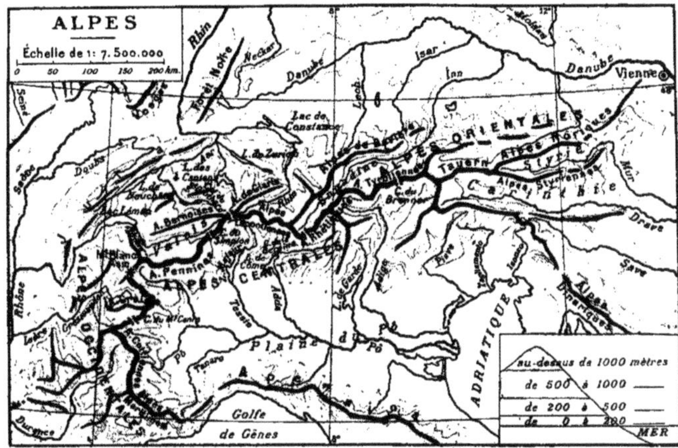

Les **Alpes** constituent le massif principal de ce plissement. Elles sont prolongées, au Sud, par les *Apennins* dont la chaîne, plusieurs fois submergée, reparaît pour former les *Montagnes de la Sicile,* l'*Atlas africain*, la *Sierra Névada* et les *Pyrénées,* qui circonscrivent presque entièrement la Méditerranée occidentale.

Les Alpes se bifurquent à l'Est. La branche méridionale comprend les *Alpes Dinariques,* suivies des *Montagnes de la Grèce,* des *Iles de Crète* et de *Rhodes* et du *Taurus asiatique.*

La branche orientale est formée, au delà du Danube, par les *Carpathes* et les *Alpes de Transylvanie* qui décrivent un vaste demi-cercle et limitent la *Plaine de Hongrie.* Au Sud du Danube, le plissement se continue par les *Balkans* et, après immersion dans la Mer Noire, reparaît en Crimée et s'élève puissamment de nouveau dans le *Caucase.*

Les plissements alpins ont provoqué ou facilité l'action interne ; c'est pourquoi, la zone de ces plissements est celle des tremblements de terre et des volcans, soit anciens (Massif Central), soit modernes (Vésuve, Stromboli, Etna).

Parmi les **Plaines de l'Europe,** *celles du Nord* furent recouvertes de glaciers qui, en disparaissant, laissèrent sur le sol une couche de moraines, formées de boues et de graviers très pauvres au point de vue agricole ; aussi ces plaines ne sont-elles fertiles que par places, et grâce à de patients travaux. Les *Plaines du Centre et du Sud,* au contraire, furent soustraites à l'action glaciaire et revêtues de limons qui les rendent très fertiles.

3. Les Alpes forment le massif le plus important de l'Europe. Elles s'étendent, en arc de cercle, du Golfe de Gênes au Danube, vers Vienne, sur une longueur d'un millier de kilomètres et une largeur moyenne de 200 ; leur superficie est un peu supérieure au tiers de celle de la France. Ces montagnes descendent en pentes douces, au Nord, dans la partie convexe, et tombent en pentes brusques, au Sud, dans la partie concave qui limite la Plaine du Pô.

Les Alpes sont formées de trois zones longitudinales de natures différentes : une *zone centrale* cristalline, qui, en se soulevant, a déchiré et rejeté de chaque côté les roches calcaires qui la recouvraient et qui ont formé les deux *zones externes.*

La **zone cristalline centrale,** aux longues crêtes dentelées, séparées par des cols profondément ouverts, tranche, par la couleur brune de ses roches, avec le blanc éblouissant de ses neiges persistantes.

Les **zones calcaires extérieures** sont de dureté très différente et, par conséquent, de profils très variés, qui font la beauté caractéristique des Alpes.

Dans le sens de leur longueur, on divise les Alpes en trois parties : les **Alpes occidentales** comprenant les *Alpes-Maritimes,* les *Alpes Cottiennes* et les *Alpes Graies* avec le *Mont Blanc*, de 4.810 mètres, le point culminant de l'Europe ; les **Alpes centrales** comprenant les *Alpes Pennines* et *Bernoises*, les *Alpes Lépontiennes* et de *Glaris* et les *Alpes Rhétiques ;* les **Alpes orientales** comprenant les *Alpes Tyroliennes*, les *Alpes de Bavière*, le *Tauern* et les *Alpes Styriennes* et *Noriques.*

Les glaciers actuels des Alpes couvrent les hautes cimes sur une étendue égale à un de nos départements. Ceux de l'époque quaternaire s'étendaient sur presque toutes les Alpes. En se retirant, ils ont laissé des lacs sur le pourtour alpin : tels sont les *Lacs Léman*, de *Neuchâtel*, des *Quatre-Cantons*, de *Zurich* et de *Constance*, au Nord ; les *Lacs Majeur*, de *Côme* et de *Garde*, au Sud.

Les glaciers et les eaux courantes ont creusé des vallées longitudinales dans le sens des plis, puis en sont sortis en se taillant des vallées transversales à travers les plis qu'ils sectionnaient.

Parmi ces vallées, les plus connues sont : le *Grésivaudan* ou Vallée de l'Isère, le *Valais*, ou Vallée du Rhône supérieur, l'*Engadine* ou Vallée de l'Inn, la *Styrie* ou Vallée de la Mur et la *Carinthie* ou Vallée de la Drave.

La plupart des vallées des Alpes sont parcourues de voies ferrées qui traversent la chaîne par des tunnels percés sous les cols les plus courts et les moins hauts. Les cols principaux sont ceux *du Mont Cenis*, du *Simplon*, du *Saint-Gothard*, de la *Bernina* et du *Brenner*.

DEVOIR ÉCRIT. — 1. *Exercices 1 et 2 du Cahier de Croquis.* — 2. *Decrivez les Alpes.*

3e Leçon. — LES MERS ET LES CÔTES DE L'EUROPE

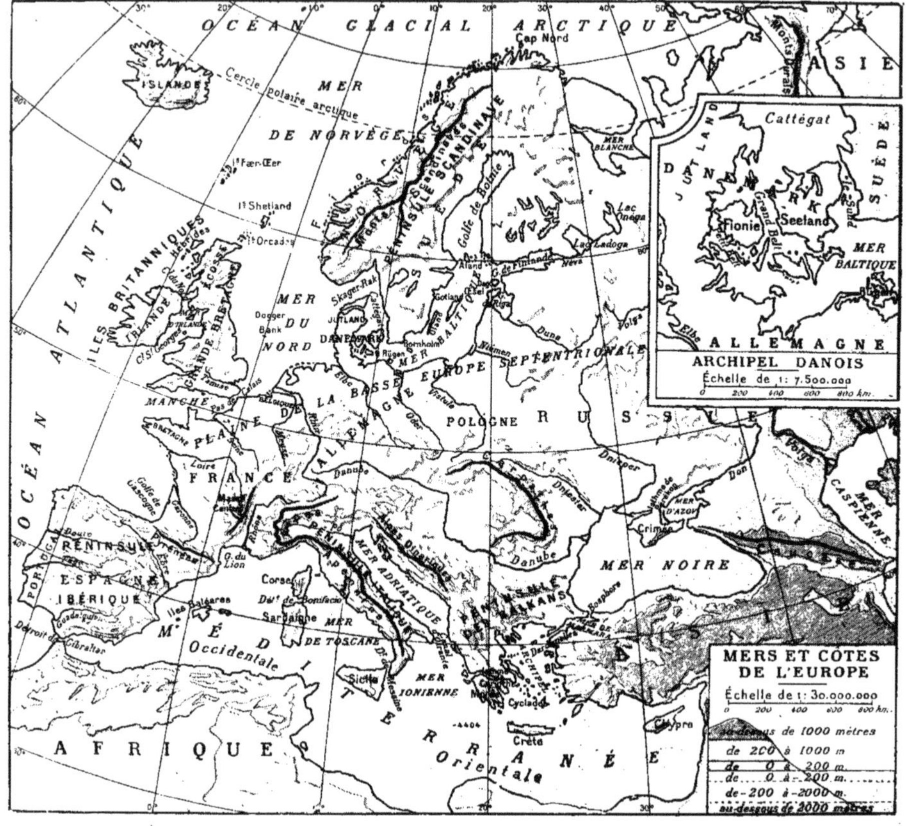

1. Les Mers européennes. — L'Europe est baignée par deux océans : l'*Océan Glacial Arctique* et l'*Océan Atlantique*, et par trois mers : la *Méditerranée*, la *Mer Noire* et la *Mer Caspienne*.

La **profondeur** de ces mers est en rapport avec le relief des terres voisines : aux terres peu élevées de la Basse Europe septentrionale correspondent des mers peu profondes, tandis que les mers qui voisinent la Haute Europe méridionale, sont profondes.

2. L'Océan Glacial Arctique baigne le nord de l'Europe. Grâce au Gulf-Stream, il n'est gelé que six mois par an, tandis que la *Mer Blanche*, quoique plus méridionale, mais soustraite à cette influence, est prise par les glaces pendant huit mois.

Ses eaux sont peu profondes jusqu'à une grande distance du littoral, et ses côtes sont basses et marécageuses, sauf à l'extrémité des Monts Ourals et des Monts Scandinaves, où elles sont rocheuses et élevées.

3. L'Atlantique baigne l'Europe depuis le *Cap Nord* jusqu'au *Détroit de Gibraltar*, en contournant les Iles Britanniques, à l'Ouest.

Jusqu'à 100 ou 150 km. du rivage, sa profondeur est inférieure à 200 mètres ; puis, brusquement, elle tombe à 2.000 mètres, et, dans deux fosses profondes, formant la *Mer de Norvège* et le *Golfe de Gascogne*, elle atteint de 4.000 à 5.000 mètres.

Les **mers annexes** de l'Atlantique sont peu profondes ; aucune ne dépasse 200 mètres, et la moyenne est inférieure à 100 mètres ; de sorte que les Iles Britanniques reposent sur un vaste plateau sous-marin qui les rattacherait au continent si le niveau de la mer venait à s'abaisser d'une centaine de mètres.

La Mer du Nord, sauf au pied des falaises de la Norvège, mesure à peine 100 mètres de profondeur moyenne, et son fond se relève au centre pour former le *Dogger*

Bank, plateau sous-marin, immergé de 30 mètres seulement, sur lequel on pêche la morue.

La Baltique ne communique avec la Mer du Nord que par les étroits passages de l'Archipel Danois : le *Sund*, le *Grand Belt* et le *Petit Belt*, entre la Suède, les Iles Seeland et Fionie, et le Jutland ; le passage s'élargit ensuite et porte le nom de *Cattégat*, entre la Suède et le Jutland, et de *Skager-Rak*, entre cette dernière presqu'île et la Norvège.

La Baltique forme les *Golfes de Botnie*, de *Finlande* et de *Riga ;* elle entoure les *Iles Rugen* et *Bornholm*, *Oland* et *Gotland*, *Œsel*, *Dago* et *Aland*.

La Manche n'a que 80 mètres de profondeur moyenne ; elle communique largement avec l'Atlantique, à l'Ouest, tandis qu'à l'Est, le *Pas de Calais* qui l'unit à la Mer du Nord, n'a que 32 km. de large.

La Mer d'Irlande communique avec l'Atlantique par le *Canal du Nord* et le *Canal Saint-Georges*.

Grâce au Gulf-Stream, la **température** des eaux de l'Atlantique est plus élevée sur les côtes européennes que sur les côtes américaines situées sur le même parallèle. Alors que les glaces flottantes descendent jusqu'à New-York, à la latitude du Nord du Portugal, les côtes de la Norvège sont toujours libres de glaces. Seule la Baltique, soustraite en partie à cette influence par sa situation intérieure, a des glaces pendant 4 ou 5 mois dans sa partie septentrionale, jusque vers l'Ile Dago.

Les côtes de l'Atlantique sont *rocheuses*, *découpées* et plus ou moins *élevées* au bord des anciens Massifs Calédoniens et Hercyniens : en Norvège, où les profondes échancrures portent le noms de *fiords ;* dans le Nord et l'Ouest des Iles britanniques, surtout en Écosse, où elles sont entourées d'une traînée d'archipels : les *Hébrides*, les *Orcades* et les *Shetland ;* dans la Bretagne française et dans la Péninsule Ibérique (*Voir* p. 6, 2e *image*).

Les *côtes sont sablonneuses*, *rectilignes et basses*, le long des plaines sédimentaires du littoral de la Baltique, du sud de la Mer du Nord, et du Golfe de Gascogne depuis la Bretagne jusqu'aux Pyrénées.

L'Atlantique a de fortes **marées** qui remontent les estuaires, les maintiennent libres d'alluvions et en font d'excellents abris pour la flotte ; tels les estuaires de l'Elbe, de la Tamise et de la Garonne. Seule la Baltique, à cause de sa situation à l'intérieur des terres, n'a que des marées insignifiantes, aussi les sables accumulés par les vagues forment-ils des cordons littoraux qui ferment presque entièrement les estuaires du Niémen et de la Vistule.

4. La Méditerranée baigne l'Europe au Sud ; elle est divisée, par le socle sous-marin qui porte la Sicile, en deux bassins : la *Méditerranée occidentale* et la *Méditerranée orientale*.

Elle forme la *Mer Tyrrhénienne* ou de *Toscane*, dont les fonds dépassent 3.000 mètres ; l'*Adriatique*, qui est peu profonde, surtout au Nord ; la *Mer Ionienne*, où se trouve la plus grande profondeur de toute la Méditerranée (4.404 m.) et qui communique avec l'Adriatique par le *Canal d'Otrante ;* l'*Archipel*, ou *Mer Egée*, dont le relief sous-marin est très tourmenté ; la *Mer de Marmara*, qui communique avec l'Archipel par le Détroit des Dardanelles, et avec la Mer Noire par le Bosphore, long de 27 km. et large de 500 à 4.500 mètres.

La Méditerranée baigne la *Péninsule Ibérique*, la *Péninsule Italique*, la *Péninsule des Balkans*, terminée au Sud par la *Morée* que l'*Isthme de Corinthe* rattache au Continent.

Phot. Bonne Presse.

Le Détroit de Gibraltar a 13 km. de large. Gibraltar est le nom d'un rocher de 3 km. de long sur 1 km. de large et de 425 m. de hauteur qu'une bande de sable rattache à la Péninsule Ibérique avec laquelle il forme la Baie d'Algésiras d'où la vue est prise. Le Rocher de Gibraltar et la ville de même nom, bâtie à l'Ouest, sur la Baie d'Algésiras, appartiennent aux Anglais depuis 1704.

Les principales **îles de la Méditerranée** sont : les *Baléares*, la *Corse* et la *Sardaigne*, séparées par le *Détroit de Bonifacio ;* la *Sicile*, séparée de l'Italie par le *Détroit de Messine ;* les *Iles de Malte*, de *Crète* et les *Cyclades*.

Les côtes de la Méditerranée terminent généralement des massifs montagneux, aussi sont-elles souvent rocheuses, découpées et frangées d'îlots. Seules les côtes qui bordent la plaine du Golfe du Lion et celle du Pô, sont basses et rectilignes.

Les **fleuves** de cette mer sans marée appréciable n'ont pu se débarrasser de leurs alluvions ; ils ont formé des deltas qui augmentent incessamment l'étendue des deux plaines citées plus haut ; c'est pourquoi, à l'opposé des ports de l'Atlantique, ceux de la Méditerranée ont dû s'établir assez loin de l'embouchure des fleuves.

La Méditerranée est une mer chaude ; aussi l'évaporation de ses eaux est considérable : elle est évaluée à 2 mètres par an. Cette évaporation est compensée par les pluies, l'apport des fleuves, et surtout par les eaux (les 3/5) qui lui viennent de l'Atlantique par le Détroit de Gibraltar, et de la Mer Noire par le Bosphore, en un courant qui atteint 5 km. à l'heure.

5. La Mer Noire est un bassin elliptique, presque fermé, ne communiquant avec la Méditerranée que par le Bosphore. Elle forme la *Mer d'Azov*, et baigne la *Presqu'île de Crimée*, réunie à la Russie par l'*Isthme de Pérécop*.

Le sud de la Mer Noire est encadré de montagnes ; aussi ses côtes sont élevées et ses fonds dépassent 2.600 mètres. Le nord, au contraire, est bordé de plaines terminées par des côtes basses, et ses fonds sont à peine couverts de 200 mètres d'eau. La Mer d'Azov, même, n'a pas 15 mètres de profondeur

6. La Mer Caspienne est un lac fermé ; aussi, l'évaporation, qui dépasse l'alimentation, la dessèche constamment, et aujourd'hui son niveau est à 26 mètres au-dessous de celui des Océans. Bordée, au Sud, par des montagnes, elle a des fonds de plus de 1.000 mètres, tandis qu'au Nord, où elle termine des plaines, elle n'a pas 2 mètres d'eau jusqu'à plusieurs kilomètres du rivage.

DEVOIR ÉCRIT. — 1. *Exercice 3 du Cahier de Croquis.* — 2. *Nommez les mers européennes qui ont des marées importantes et celles qui n'en ont pas, ou presque pas ; indiquez-en les conséquences au point de vue du dépôt des limons fluviaux et de la navigation.*

4e Leçon. — LE CLIMAT ET LES RESSOURCES NATURELLES DE L'EUROPE

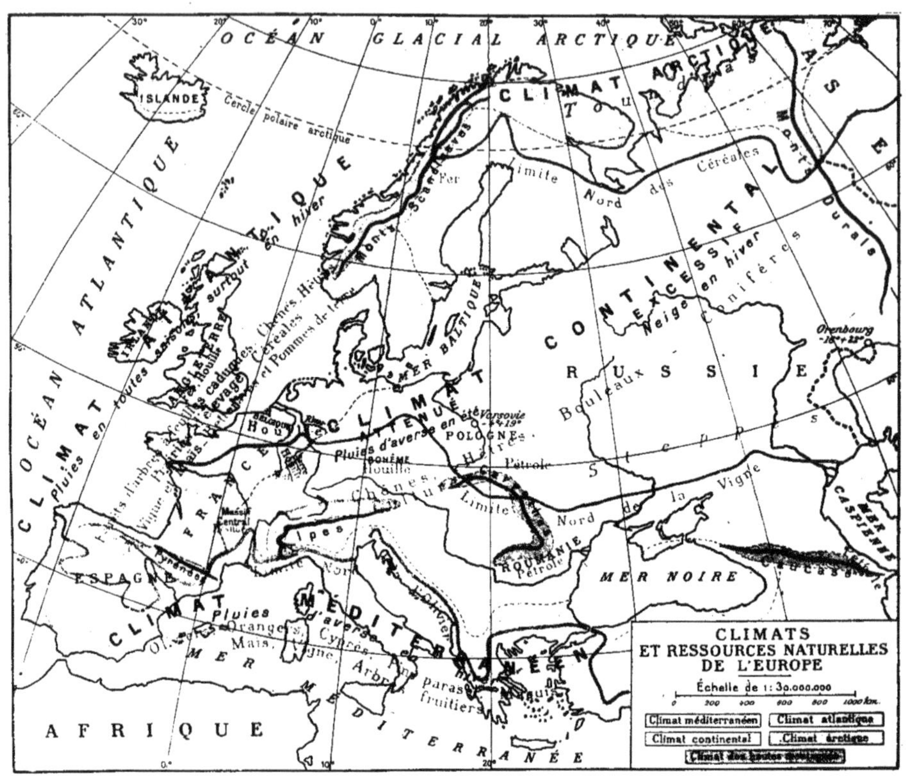

1. Zones de climat et de végétation. — L'Europe jouit d'un **climat modéré**. Elle le doit : 1° à sa situation dans la zone tempérée ; 2° à sa pénétration par les mers qui régularisent sa température ; 3° à l'influence du Gulf-Stream qui réchauffe les côtes du Nord-Ouest ; 4° à la prédominance des vents tièdes et humides du Sud-Ouest ; 5° enfin, à la disposition de son relief orienté parallèlement à la direction des vents dominants du Sud-Ouest.

La modération qui caractérise le climat européen n'est cependant pas la même partout ; c'est pourquoi on peut distinguer, en Europe, trois grandes **zones de climat et de végétation** : la zone *méditerranéenne*, la *zone atlantique* et la *zone continentale*, et deux petites zones : la *zone arctique* et la *zone des hautes montagnes*.

2. Zone méditerranéenne. — Le **climat méditerranéen** est celui des pentes montagneuses qui, de toutes parts, bordent la Méditerranée d'assez près. Il est chaud et sec en été ; tiède, et pluvieux par précipitations brusques, abondantes, mais rares, en hiver. Le ciel est presque constamment pur, et l'air, d'une admirable transparence.

Par suite de sa température élevée et de sa sécheresse relative, cette zone est caractérisée par une végétation à racines très développées pour favoriser l'absorption, et à feuilles petites et luisantes pour diminuer l'évaporation.

Les *plantes* les plus communes sont : l'olivier, l'oranger, le cyprès et le pin parasol ; des buissons toujours verts comme le myrte et le laurier, des plantes odorantes telles que le thym et le serpolet, ou des plantes bulbeuses comme la jacinthe et l'asphodèle, forment le maquis broussailleux.

Le sol étant généralement rocailleux, par suite de sa nature montagneuse, les *cultures* y sont rares et souvent en terrasses ; celles du maïs, de la vigne et des arbres fruitiers sont les principales.

3. Zone atlantique. — Le **climat atlantique** règne sur l'Europe de l'Ouest et du Nord-Ouest. La *température* y est modérée en hiver comme en été ; les *vents* tièdes et humides du Sud-Ouest amènent des *pluies* fines et fréquentes, tombant en toute saison, surtout en hiver ; cette humidité se manifeste encore par un ciel souvent nuageux et des brouillards épais.

La **végétation** spontanée de cette zone est la *forêt* d'arbres à feuilles caduques : chênes, hêtres, charmes, etc. Mais aucune autre contrée n'a subi, comme celle-ci, l'action de l'homme, qui, en grande partie, a défriché la forêt, et l'a remplacée par des *prairies* d'élevage et des *champs* où l'on cultive la vigne et le maïs dans le Sud, la betterave et la pomme de terre dans le Nord, et les céréales partout. (*Voir 1re image.*)

4. Zone continentale. — Le **climat continental** s'étend sur l'Europe centrale et orientale. Les mers tièdes de l'Ouest sont trop éloignées pour faire sentir leur influence modératrice, c'est pourquoi les *écarts de température* sont considérables.

Ainsi, Varsovie a une moyenne de — 4° en janvier et de 19° en juillet, (écart 23°) ; Orembourg a — 16° en janvier et 22° en été (écart 38°.) Dans cette zone, les *pluies* sont faibles et diminuent de l'Ouest à l'Est : 70 cm. à l'Ouest, 40 cm. à l'Est. Ces pluies tombent surtout en été. Durant le jour, le soleil évapore l'eau de la surface du sol ; le soir, la condensation se fait brusquement et la pluie tombe en averse. En hiver le peu de vapeur d'eau de l'atmosphère se condense en neige qui recouvre les immenses plaines russes d'une mince couche, insuffisante parfois au Sud-Est pour les traîneaux.

Le centre et le nord de cette zone sont couverts de *forêts :* chênes et hêtres à l'Ouest, bouleaux au Centre et conifères à l'Est. Les forêts de l'Ouest sont en partie défrichées et remplacées par des *cultures,* comme dans la zone atlantique. Le sud de la zone continentale est trop sec pour porter des arbres ; il est couvert de *steppes* formées de plantes annuelles, surtout de graminées, qui poussent au printemps et se dessèchent en été.

5. La zone arctique s'étend au nord du Cercle polaire, le long de l'Océan Glacial. Sa *température* très froide reste au-dessous de zéro plus de la moitié de l'année. En hiver, le sol est glacé et couvert de neige ; pendant les deux ou trois mois d'été, la neige fond, mais le sous-sol reste gelé et imperméable ; aussi les eaux s'étalent et forment des marécages d'où émergent quelques monticules couverts de *mousses* et de *lichens* dont se nourrissent

Phot. Champagne.

1. — Une région de climat océanique. caractérisée par ses bois et ses pâturages coupés de haies d'arbres, ayant un aspect de bocage. C'est *Glendalough* (Vallée du Lac) avec son antique tour ronde, à 38 km. au sud de Dublin, dans la région montagneuse qui borde la Verte Erin. Ce petit centre agricole fut fondé au VIIe siècle par les premiers apôtres de l'Irlande qui en établirent beaucoup d'autres semblables dont la plupart subsistent encore.

Phot. Étab. Lévy et Neurdein réunis.

2. — Une région de climat des hautes montagnes, dans les Alpes, avec ses pâturages d'été. Dès que la neige est fondue, vers la fin de mai, les troupeaux montent dans ces hauts pâturages, et y restent jusqu'à la chute des premières neiges, en septembre.

les rennes. Ces régions, marécageuses ou glacées suivant la saison, sont appelées toundras, d'un mot russe qui signifie marécage glacé.

6. Zone des hautes montagnes. — Le **climat des hautes montagnes** n'est pas le même que celui des plaines environnantes, puisque la température diminue d'environ 1° par 200 mètres d'altitude ; il est *excessif,* comme le climat continental, et *glacé,* comme le climat arctique ; les hivers y sont rigoureux, longs et neigeux ; les étés, courts, chauds et pluvieux ; les *neiges persistantes* descendent jusqu'à 1.600 mètres dans les Monts Scandinaves, jusqu'à 2.790 mètres dans les Alpes et jusqu'à 3.100 mètres dans les Pyrénées. Au-dessous s'étagent, en **zones horizontales**, des *pâturages d'été* (les alpages), des *forêts* de conifères, et, plus bas, des arbres à feuilles caduques et des *cultures.* (*Voir 2e image.*)

7. La faune européenne a subi, autant que la flore, l'action de l'homme qui a détruit les espèces nuisibles et leur a substitué des espèces utiles.

A part l'*ours* des régions arctiques et des montagnes, et le *loup* des forêts orientales, l'Europe n'a plus d'**animaux féroces.**

Par contre, les **animaux domestiques** y ont été multipliés. Comme bête de transport, on y élève le *cheval* remplacé par l'*âne* et le *mulet* dans les régions montagneuses du Sud, et par le *renne* dans la zone arctique. Le *bœuf* et le *porc* sont élevés pour leur viande ; la *vache* pour son lait et sa viande ; mais dans les régions sèches de l'Europe méridionale, la *chèvre* et la *brebis* remplacent la vache, et le bœuf n'est plus élevé que pour le travail.

8. Ressources minérales. — Les *minéraux précieux* sont peu abondants en Europe, mais heureusement, le *fer,* la *houille* et le *pétrole* s'y trouvent en quantités notables. Aussi l'Europe fournit-elle plus de la moitié de la production mondiale de fer et de houille, bien que ses gisements ne représentent que la 65e partie de ceux qui sont actuellement connus dans l'Univers.

On trouve du **fer** en France, en Angleterre, en Espagne et en Suède ; de la **houille**, en bordure des anciens massifs hercyniens : en Angleterre, dans le Massif Central français, dans les bassins franco-belges, dans la Ruhr, dans la Sarre et dans la Bohême ; le **pétrole**, en Pologne, en Roumanie et dans le Caucase.

DEVOIR ÉCRIT. — 1. *Exercice 4 du Cahier de Croquis.* — 2. *Décrivez les climats et les régions végétales traversés en allant en ligne droite du Golfe de Gênes au Cap Nord.*

5e Leçon. — L'HYDROGRAPHIE DE L'EUROPE

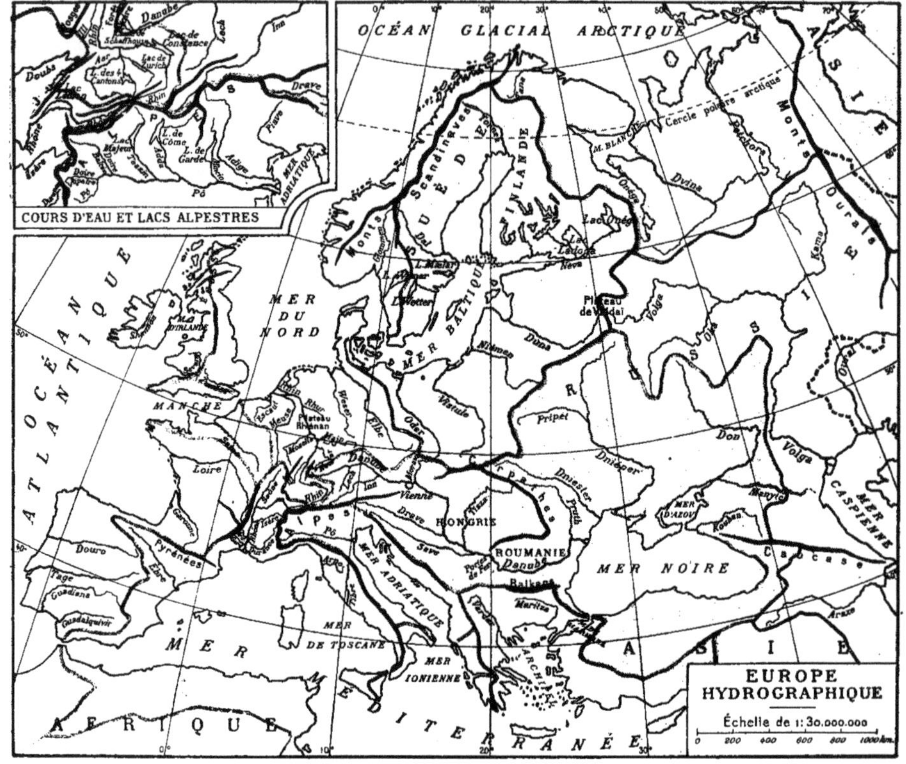

1. Comparaisons et divisions. — Par suite de ses faibles dimensions et de ses formes effilées, l'Europe ne peut avoir de grands fleuves comme les autres Parties du monde. Ainsi, la Volga, son principal fleuve, dépasse à peine la moitié de la longueur du Mississipi-Missouri, et son débit n'est que le 12e de celui de l'Amazone.

Mais si l'Europe n'a pas de fleuves énormes, par contre elle en possède beaucoup de moyens qui, grâce à son climat suffisamment humide, sont réguliers et navigables, et que son faible relief permet de réunir par des canaux.

Parmi ses nombreux centres de **dispersion des eaux**, l'Europe en a deux principaux : les *Alpes*, le plus important, appelées pour cette raison le *château d'eau de l'Europe*, et le *Plateau de Valdaï*, en Russie.

L'écoulement des eaux se fait vers les onze Mers ou Océans qui bordent l'Europe, et il divise son territoire en autant de bassins ou de versants maritimes : le *Versant de l'Océan Glacial*, les *Bassins de la Baltique, de la Mer du Nord* et *de la Manche*, les *Versants de l'Atlantique* et *de la Méditerranée*, les *Bassins de l'Adriatique* et *de la Mer Ionienne*, les *Versants de l'Archipel, de la Mer Noire* et *de la Caspienne*.

Comme le régime des cours d'eau dépend, **en grande** partie, du climat, on peut diviser les fleuves européens en autant de groupes qu'il y a de climats principaux : les fleuves de *régimes alpestre, atlantique, méditerranéen* et *oriental*.

2. Les fleuves de régime alpestre ont des crues au printemps par suite de la fonte des neiges, maintiennent leur niveau en été par la fonte des glaciers inférieurs, se soutiennent en automne à cause des pluies, mais décroissent en hiver. Par suite de la raideur des pentes, ils ravinent fortement leurs rives et déposent ensuite leurs **alluvions**, soit dans les lacs du pourtour des Alpes, soit **dans les** deltas marins.

Les principaux cours d'eau alpestres sont : le ***Rhin***, le *Rhône* et le *Danube* supérieurs ; l'*Aar*, **affluent du** Rhin ; l'*Isère* et la *Durance*, affluents du **Rhône ; les** deux *Doires*, le *Tessin*, l'*Adda* et le *Mincio*, **affluents du** Pô ; l'*Adige* et la *Piave*, tributaires de l'Adriatique ; le *Lech* et l'*Inn*, affluents du Danube.

3. Les fleuves de régime atlantique reçoivent des pluies en toutes saisons et ils drainent des régions de **plaines**, aussi sont-ils généralement réguliers ; ils se terminent souvent par des estuaires que la marée débarrasse de leurs limons et pénètre profondément, ce qui permet de les remonter assez avant dans les terres.

Les plus importants de ces fleuves sont : l'*Oder* qui va à la Baltique ; l'*Elbe*, le *Weser*, le *Rhin* moyen et inférieur, la *Meuse*, l'*Escaut*, la *Tamise* et le *Glommen*, tributaires de la Mer du Nord ; la *Seine*, qui se jette dans la Manche ; le *Shannon*, la *Severn*, la *Loire*, la *Garonne*, le *Douro*, le *Tage*, la *Guadiana* et le *Guadalquivir*, tributaires de l'Atlantique.

4. Les fleuves de régime méditerranéen sont très bas en été, mais ils débordent souvent durant les pluies d'orage de l'automne. Généralement de pente rapide, ils rongent fortement leurs rives et déposent leurs alluvions, en deltas, dont la formation est favorisée par l'insignifiance des marées ; les ports ont dû s'écarter de leurs embouchures. Ils sont impropres à la navigation, mais on a capté leurs eaux pour l'irrigation.

Les principaux sont : l'*Ebre*, le *Rhône* et le *Pô* inférieurs, l'*Arno*, le *Tibre*, le *Vardar* et la *Maritza*.

5. Les fleuves de régime oriental sont gelés en hiver, ont d'énormes crues au printemps à la fonte des neiges, faiblissent en été et remontent avec les averses d'automne. Coulant dans d'immenses plaines, ils vont lentement ; comme ils drainent de grandes surfaces, ils sont abondants malgré la faible couche de pluies ou de neige de ces régions. La circulation les utilise en traîneaux durant l'hiver et en bateaux pendant les autres saisons.

Les plus importants de ces fleuves sont : la *Dal*, la *Tornéa*, la *Néva*, la *Duna*, le *Niémen* et la *Vistule* qui vont à la Baltique et forment la transition entre le régime oriental et le régime atlantique ; la *Petchora*, la *Dvina*, l'*Onéga* et la *Tana* qui se jettent dans l'Océan Glacial ou la Mer Blanche ; l'*Oural*, et la *Volga* avec ses affluents l'*Oka* et la *Kama* qui vont à la Caspienne ; le *Don*, le *Dniéper* et son affluent le *Pripet*, le *Dniester* et le *Danube*, qui sont tributaires de la Mer Noire.

6. Le Rhin, le Rhône et le Danube, les trois grands fleuves de l'Europe centrale, participent à des régimes complexes.

Le **Rhin** naît dans les Alpes suisses et finit à la Mer du Nord.

Le *Rhin supérieur* est un torrent alpestre comme son affluent l'Aar ; sa pente est forte et il est coupé de rapides (Chute de Schaffhouse).

Phot. Etabl. Lévy et Neurdein réunis.

1. — Le Rhin dans sa traversée du Plateau Rhénan.

Phot. Champagne.

2. – Un lac d'Écosse. — Les *lochs* ou lacs d'Écosse sont généralement très allongés. Ils occupent le fond des *glens* ou vallées creusées entre des *bens* ou montagnes. Le *Loch Awe*, dont l'image représente l'extrémité nord, n'a pas moins de 35 km. de long, sur 1 ou 2 de large seulement. Il se déverse dans un des golfes profonds qui entaillent la côte occidentale de l'Écosse. Le *Ben Lui*, de 1.130 m. d'altitude, qui ferme l'horizon, est à une douzaine de kilomètres du bel hôtel qui s'élève au bord du lac.

Le *Rhin moyen* reçoit des affluents de régime atlantique : l'Ill, le Neckar, le Main et la Moselle. Son cours, large et sinueux dans la plaine qui sépare les Vosges de la Forêt Noire, se resserre dans le Plateau Rhénan qu'il traverse par des gorges pittoresques, appelées la Trouée héroïque. (*Voir 1re image.*)

Le *Rhin inférieur* coule dans la plaine septentrionale où il reçoit la Ruhr, et, unissant ses bras à ceux de la Meuse, il finit à la Mer du Nord.

Le **Rhône** est alpestre par son cours supérieur et par ses affluents de gauche, l'Isère et la Durance. Il est de régime atlantique par la Saône, et de régime méditerranéen par l'Ardèche et le Gard. Il finit par un delta, comme la plupart des fleuves de régime méditerranéen.

Le **Danube** descend du versant oriental de la Forêt Noire.

Le *Danube supérieur*, et ses affluents, le Lech et l'Inn, sont de régime alpestre. Son cours se resserre dans de nombreux défilés et s'étale dans de petites plaines dont la plus importante est celle de Vienne, où il reçoit la Morava.

Le *Danube moyen* et *inférieur* que sépare le Défilé des Portes de fer, à travers les Carpathes, s'étale, se ramifie et déborde souvent dans les plaines de la Hongrie et de la Roumanie. C'est dans ces plaines que lui arrivent la Drave et la Save, de régime à la fois alpestre et méditerranéen ; la Tisza et le Pruth, de régime oriental.

Le *Danube inférieur* charrie beaucoup de limon qu'il dépose à son embouchure, dans la Mer Noire, en formant un delta.

7. Les Lacs sont nombreux en Europe mais leur étendue est faible. Les uns sont dus à des mouvements du sol, comme les *Lacs d'Écosse* (*Voir la 2e image*) et ceux du Nord de la Russie (*Lacs Ladoga* et *Onéga*).

Beaucoup doivent leur origine à des barrages morainiques ou autres, tels que les Lacs de Finlande, les Lacs de Suède (*Wéner*, *Vetter* et *Mælar*), les lacs alpestres (le *Léman*, les *Lacs des Quatre Cantons*, de *Zurich* et de *Constance*, au Nord : les *Lacs Majeur*, de *Côme* et de *Garde*, au Sud.)

DEVOIR ÉCRIT. — 1. *Exercice 5 du Cahier de Croquis.* — 2. *Décrivez le Rhin, le Danube et la Volga.* — 3. *Quels sont les caractères généraux des fleuves de régime alpestre atlantique, méditerranéen et oriental.*

6e Leçon. — L'EUROPE HUMAINE

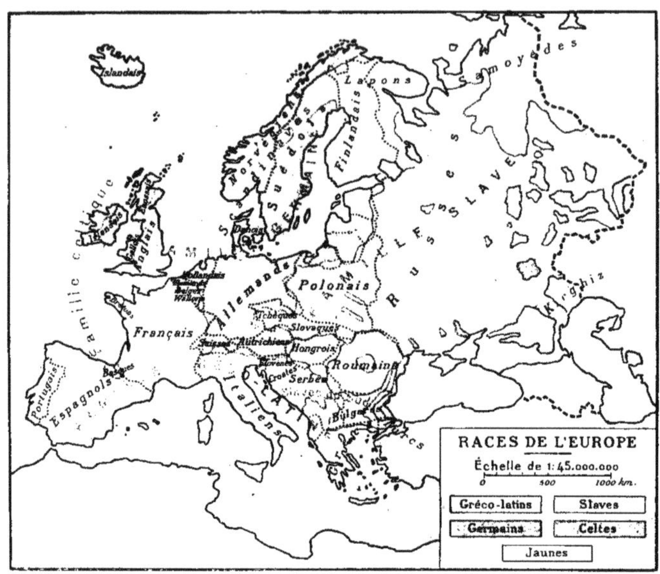

1. Population. — L'Europe compte 466 *millions* d'habitants, formant un peu plus du quart de l'humanité ; deux autres quarts occupent l'Asie, et le dernier quart est réparti entre l'Amérique, l'Afrique et l'Océanie.

Comparativement à son étendue, l'Europe est la plus peuplée des cinq Parties du monde : elle compte, en moyenne, 47 *habitants au km² ;* viennent ensuite l'Asie, 20 ; l'Amérique, 6 ; l'Afrique, 5, et l'Océanie, 1.

La *répartition* de la population est très inégale : les montagnes et les plateaux arides ont une très faible densité, tandis que les plaines fertiles et les centres industriels sont très peuplés.

L'*augmentation* de la population de l'Europe est très sensible. Elle a triplé depuis un siècle, par suite de l'excédent des naissances sur les décès, et malgré l'émigration.

La *mortalité* moyenne, en Europe, est de 24 pour 1.000 ; elle augmente vers le Sud (32 pour 1.000) et diminue vers le Nord (18 pour 1.000).

La *natalité* la plus forte se constate chez les populations les plus chrétiennes et les plus pauvres, et que trop de bien-être n'a point amollies. C'est en Russie qu'elle est la plus forte (50 pour 1.000), et en France, la plus faible (23 pour 1.000).

2. Races et Religions. — Les Européens appartiennent presque tous à la *race blanche* et à la *religion chrétienne ;* mais ils se divisent en trois grandes familles et professent trois cultes principaux.

Les **Gréco-Latins** (*Français, Belges wallons, Espagnols, Portugais, Italiens, Roumains, Grecs*) ont le teint brun et la taille peu élevée. Ils peuplent le Sud-Ouest et sont généralement catholiques. Cependant les Roumains et les Grecs sont schismatiques ; ils ont pris le nom d'orthodoxes.

Les **Germains** (*Autrichiens, Allemands, Belges flamands, Hollandais, Scandinaves, Anglais*) ont le teint blond et la taille élevée. Ils peuplent le Centre et le Nord et sont généralement protestants. Cependant les Autrichiens, les Belges flamands et les Allemands du Sud-Ouest sont catholiques.

Les **Slaves** ont le teint blond et la taille moyenne. Ils peuplent l'Est. Les Slaves occidentaux (*Polonais, Tchèques, Slovaques, Slovènes* et *Croates*) sont catholiques ; les Slaves orientaux (*Russes* et *Serbes*) sont schismatiques.

Les **Irlandais**, les **Écossais**, les **Gallois**, les **Bretons** et les **Basques** forment une famille à part, dite celtique ; ils sont catholiques, sauf les Ecossais et les Gallois qui sont protestants.

Il y a aussi des Européens de **race jaune** ; ils se divisent en trois groupes : au Nord, les *Lapons*, les *Finlandais* et les *Estoniens* (protestants) ; les *Samoyèdes* (païens) ; au Centre, les *Hongrois* (catholiques) ; au Sud-Est, les *Bulgares* (schismatiques) ; les *Turcs* et les *Kirghiz* (musulmans).

Enfin, il y a des **Juifs** dispersés dans toutes les contrées de l'Europe.

3. Divisions politiques. — Les États de l'Europe correspondent généralement aux grandes divisions naturelles formées par les mers, les fleuves et les montagnes. Ainsi les vastes plaines orientales constituent un immense empire s'étendant sur près de la moitié de l'Europe, tandis que le morcellement de sa partie occidentale a favorisé l'établissement d'États beaucoup plus petits.

L'Europe est divisée en 28 principaux États. En ne tenant compte que de leurs parties essentielles on peut les grouper en quatre grandes régions naturelles.

L'Europe du Nord-Ouest ou océanique est soumise aux influences adoucissantes du Gulf-Stream. Elle comprend la *France*, la *Grande-Bretagne* et l'*Irlande*, les États Scandinaves (*Danemark, Norvège* et *Suède*), la *Hollande*, la *Belgique* et le *Luxembourg*.

L'Europe centrale renferme une grande variété d'aspects physiques, et son climat est généralement continental par suite de son éloignement des mers ou de son altitude. Elle comprend : l'*Allemagne*, la *Suisse*, l'*Autriche*, la *Hongrie*, la *Tchéco-Slovaquie* et la *Pologne*.

L'Europe du Nord-Est, formée d'une immense plaine au climat continental, comprend la ***Russie,* la *Finlande*** et les trois *Etats Baltes :* Esthonie, Lettonie et Lithuanie.

L'Europe méridionale, au climat méditerranéen, sec et lumineux, comprend les États des trois presqu'îles méditerranéennes : la *Roumanie,* la *Bulgarie,* la *Turquie,* la *Grèce,* l'*Albanie,* la *Yougo-Slavie,* l'*Italie,* l'*Espagne* et le *Portugal.*

(*C'est dans cet ordre que les divers États seront étudiés.*)

Cinq de ces États sont beaucoup plus étendus, plus peuplés et plus puissants que les autres : ce sont les *cinq grandes puissances* ou *grands Etats européens :* la *Russie* (102 millions d'hab.), l'*Allemagne* (60 millions), la *Grande-Bretagne* (48 millions), la *France* (40 millions) et l'*Italie* (39 millions.)

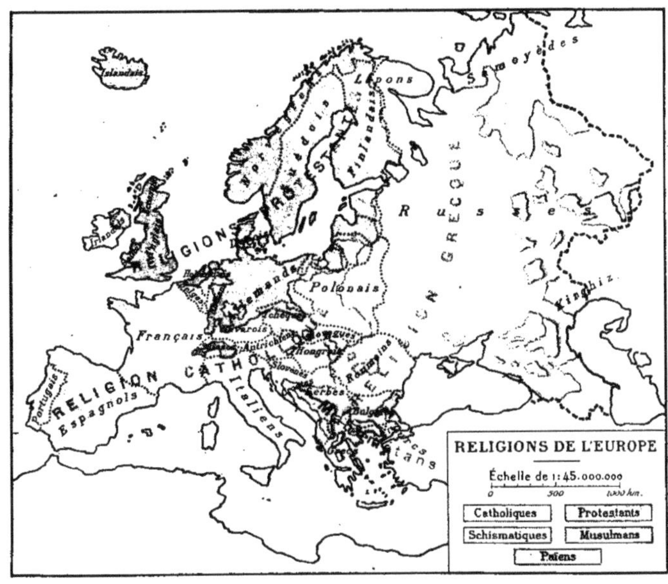

Parmi les autres États, dits *secondaires* ou *petits États,*

Cinq comptent plus de 10 millions d'habitants : la *Pologne* (29 millions), l'*Espagne* (21 millions), la *Roumanie* (17 millions), la *Tchéco-Slovaquie* (14 millions) et la *Yougo-Slavie* (13 millions) ;

Sept ont de 5 à 10 millions d'habitants : la *Hongrie,* la *Belgique,* la *Hollande,* l'*Autriche,* la *Suède,* la *Grèce* et le *Portugal ;*

Neuf ont de 1 à 5 millions d'habitants : la *Bulgarie,* la *Suisse,* la *Finlande,* le *Danemark,* la *Norvège,* la *Lithuanie,* la *Lettonie,* l'*Esthonie* et la *Turquie d'Europe.*

Si, au point de vue de la civilisation, l'Asie et l'Afrique ont devancé l'Europe, celle-ci, longtemps déjà avant notre ère, avait pris la première place ; et, grâce à l'influence du christianisme, non seulement elle s'est maintenue, depuis, à la tête de la civilisation, mais elle a étendu son action sur toutes les autres parties du Globe, si bien qu'aujourd'hui le monde doit sa civilisation à l'Europe chrétienne.

DEVOIR ÉCRIT. — 1. *Exercices 6 et 7 du Cahier de Croquis.* — 2. *Nommez les États de l'Europe par grandes divisions naturelles et indiquez le climat général de chacune de ces divisions.*

7e Leçon. — LE SOL DES ILES BRITANNIQUES

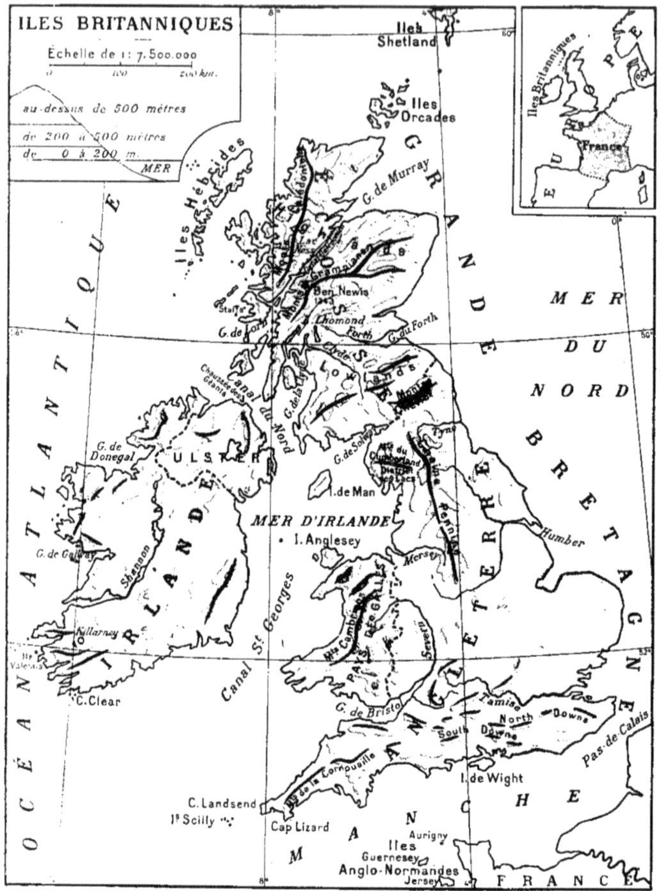

1. Situation et étendue. — Les **Iles Britanniques** forment le seul État insulaire de l'Europe. Elles comprennent la *Grande-Bretagne* (Angleterre, Écosse et Pays de Galles), l'*Irlande* et quelques *îles et archipels voisins* : les Hébrides, les Orcades et les Shetland, au Nord ; les Iles Man et Anglesey, dans la Mer d'Irlande ; l'Ile Wight et les Iles Anglo-Normandes (Jersey, Guernesey et Aurigny) dans la Manche. Cet ensemble forme une étendue égale aux 3/5 de celle de la France.

2. Relief. — Les *montagnes* de la Grande-Bretagne sont vieilles et usées par l'érosion ; elles occupent le Nord et l'Ouest ; les *plaines* s'étendent au Sud-Est.

a) L'**Écosse** comprend : 1° au Nord, les *Highlands*, ou hautes terres, séparées par une profonde vallée glaciaire formée d'un chapelet de lacs réunis par le *Canal Calédonien*.

Les ***Monts Calédoniens***, au Nord, sont arides et nus, tandis que les ***Monts Grampians***, au Sud, où s'élève le ***Ben-Newis*** (1.343 m.), le point culminant des Iles Britanniques, ont des croupes verdoyantes. (***Voir*** **1re** ***image.***)

2° Au Centre, les ***Lowlands***, ou terres basses, formées de roches tendres que l'érosion a aplanies et où **la** mer s'est creusé des golfes profonds.

3° Au Sud, le sol s'élève de nouveau en croupes arrondies, aux ***Monts Cheviots*** qui séparent l'Angleterre de l'Écosse.

b) **L'Angleterre de l'Ouest** comprend les ***Monts*** volcaniques du ***Cumberland*** couverts de bois épais ; la *Chaîne Pennine* qui n'a que des croupes nues ; les ***Monts Cambriens*** du Pays de Galles, aux flancs escarpés et presque nus (*Voir* **2e** *image*) ; les ***Monts de la Cornouaille***, rongés par l'érosion, et formant des pénéplaines couvertes de bruyères.

c) **L'Angleterre du Sud-Est** est une *plaine sédimentaire* ancienne, formée de bandes de calcaires et d'argiles orientées du Sud-Ouest au Nord-Est, que l'érosion a vallonnée en enlevant les argiles tendres, tandis que les calcaires restent, formant des lignes de hauteurs appelées *Downs*.

d) **L'Irlande** est déprimée au centre en une plaine marécageuse et tourbeuse due à l'érosion ancienne ; elle est accidentée, au pourtour, de massifs volcaniques peu élevés, mais fort gracieux, surtout au Sud-Ouest dans la région de Killarney.

3. Les Côtes, qui terminent, au Nord et à l'Ouest, le **Massif montagneux**, de la Grande-Bretagne, sont élevées et découpées.

Les roches tendres ont été creusées de ***golfes*** profonds comme ceux du ***Forth***, de ***Murray***, de ***Lorn***, de la ***Clyde***, de *Solway* et de ***Bristol***.

Les roches dures ont résisté et forment des *presqu'îles* et des *caps* comme la *Cornouaille*, terminée par les *Caps Landsend* et *Lizard ;* ou bien des *îles*, comme les *Hébrides*, les *Orcades* et les *Shetland*, l'*Ilot de Staffa*, célèbre par sa grotte basaltique de Fingal ; les *Iles Scilly*, au large de la Cornouaille.

Phot. Champagne.

1. — **Le Château de Balmoral** fut construit en 1855, au bord de la Dee, petite rivière côtière du Nord-Est de l'Écosse, dans une région pittoresque, à la fois forestière et pastorale. La chaîne du Lochnagar, de 1.083 m. d'altitude, qui s'élève à l'horizon, à une dizaine de km. du château, fait partie des *Monts Grampians*.

Phot. Champagne.

2. — **Le Snowdon**, qui appartient aux *Monts Cambriens*, s'élève à 1.094 m., au nord du Pays de Galles. Son nom signifie montagne de neige ; cependant il ne porte de neige que quatre mois par an. Au pied septentrional de la montagne s'étend le Lac Llambéris, un des plus beaux du Pays de Galles.

Les **Côtes des plaines** du Sud-Est forment des *plages sablonneuses* ou des *marécages* alternant avec des *falaises crayeuses*, qui ont valu à l'Angleterre son nom d'Albion (du latin, *alba*, blanc), donné par les Romains.

Les **Côtes de l'Irlande** terminant le rebord montagneux du pourtour, sont généralement hautes ; elles sont découpées de *golfes*, tels ceux de *Galway* et de *Donegal ;* se projettent en *caps* comme le *Cap Clear* et la *Chaussée des Géants* qui émerge au-dessus des flots ses innombrables prismes basaltiques (*Voir 3e image*); ou bien se détachent en *îles*, comme celle de *Valentia* dans la partie si pittoresque du Sud-Ouest.

Ses côtes si découpées, creusées de golfes profonds et sûrs, ont été, avec sa situation insulaire, la principale cause de l'extraordinaire développement maritime de la Grande-Bretagne.

4. Le Climat des Iles Britanniques est *océanique* : doux, égal, pluvieux et brumeux. Les *vents* dominants du Sud-Ouest amènent des *pluies* abondantes et fréquentes ; les régions montagneuses de l'Ouest, aussi bien en Irlande qu'en Grande-Bretagne, en reçoivent près de 2 mètres par an, et il y pleut, en moyenne, 3 jours sur 5 ; les plaines de l'Est sont moins humides : les pluies n'y tombent qu'un jour sur deux, et elles ne donnent que 80 cm. d'eau.

5. Cours d'eau et Lacs. — Les Iles Britanniques sont drainées par de nombreux fleuves, réguliers et abondants, mais très courts, par suite des formes effilées de ces îles. Leurs vastes estuaires, remontés par la marée bien avant dans les terres, facilitent la navigation et l'établissement d'un grand nombre de ports.

Les principaux fleuves de la Grande-Bretagne sont : la *Tamise*, l'*Humber*, la *Tyne* et le *Forth*, tributaires de la Mer du Nord ; la *Clyde*, la *Mersey* et la *Severn*, tributaires de l'Atlantique.

L'Irlande n'a qu'un fleuve important, le *Shannon*, chapelet de lacs séparés par des rapides.

Les lacs sont nombreux dans les montagnes d'Écosse et du Cumberland. Ils occupent des vallées profondes creusées par les glaciers dont les moraines frontales ont formé des barrages. Les plus célèbres sont : les *Lacs Ness et Lomond*, en Écosse, et ceux du *District des Lacs* du Cumberland. (*Voir la 2e image et celle de la p. 15.*)

Les lacs recouvrent 1/7 de la superficie de l'Irlande, mais ce ne sont que de grands étangs dus à l'imperméabilité du sol.

6. Ressources naturelles. — Les *forêts* couvraient autrefois la **Grande-Bretagne**. Elles ont été abattues. Les *landes* les ont remplacées dans les terrains montagneux et maigres du Nord et de l'Ouest ; les *cultures* et les *prairies* d'élevage occupent les plaines plus fertiles du Sud et de l'Est.

L'Irlande, plus pauvre, est couverte de *pâturages* et de champs de *pommes de terre*. Son aspect très verdoyant lui a fait donner le nom de *Verte Erin* (Erin est l'ancien nom de l'Irlande).

La Grande-Bretagne est très riche en **minerai**. De nombreux *bassins houillers* entourent les vieilles montagnes de l'Ouest, et le *fer* se trouve généralement au voisinage de la houille.

DEVOIR ÉCRIT. — 1. *Exercice 8 du Cahier de Croquis.* — 2. *Décrivez le relief et les côtes de la Grande-Bretagne.*

Phot. Étab. Lévy et Neurdein réunis.

3. — **La Chaussée des Géants** s'étend, le long des côtes du nord de l'Irlande, sur plusieurs kilomètres de longueur. Elle est formée de colonnes de basalte hexagonales, dues au brusque refroidissement des laves volcaniques. Ces colonnes s'élèvent de 1 à 12 m. au-dessus des eaux et s'avancent fort loin dans la mer ; elles couvrent une surface évaluée à 1.300 km².

8e Leçon. — ÉTAT POLITIQUE DES ILES BRITANNIQUES

1. La population des Iles Britanniques est de 48 millions d'habitants (150 au km²) : mais elle est inégalement répartie : très dense en Angleterre et dans le Pays de Galles (250), elle est assez faible en Écosse et en Irlande (55).

L'*accroissement* de la population est rapide ; il provient de l'excédent des naissances (28 pour 1.000) sur les décès (17 pour 1.000). L'immigration, assez forte, est compensée par l'émigration. A l'origine, les Iles Britanniques furent occupées par des peuples *Celtiques*, de taille moyenne, au teint brun, qui forment le fond de la population, mais qui ne se sont maintenus à peu près purs que dans les montagnes de la Grande-Bretagne, et en Irlande. Ils sont représentés par les *Écossais*, les *Gallois*, les *Cornouillais* et les *Irlandais*. Après les Romains qui laissèrent peu de traces, vinrent les *Angles* et les *Saxons*, les *Danois*, et les *Normands* de Guillaume-le-Conquérant. Ils s'établirent dans les plaines du Sud-Est où domine la race *anglo-saxonne* à la taille élevée et au teint blond.

Malgré un si grand mélange de races, le *type anglais* existe, et c'est le milieu physique qui l'a façonné.

Le sol naturellement peu fertile et le climat humide poussent à l'action ; l'action provoque le développement physique, pourvu que l'alimentation soit abondante ; l'Anglais mange beaucoup (4 repas par jour dont 3 avec viande), et il boit en rapport, même trop, surtout des boissons enivrantes.

Au moral, la lutte pour la vie a développé chez lui le sang-froid, le goût des entreprises lointaines et des sports ; mais dans son désir de vaincre, il se montre souvent égoïste, dur et rapace, n'ayant souvent d'autre idéal que la richesse.

La *langue anglaise* est généralement parlée dans les Iles Britanniques, et c'est la plus répandue dans le monde, grâce, surtout, à l'immense empire colonial anglais. Les Irlandais parlent aussi l'*erse*, leur langue nationale.

Le *protestantisme* domine en Grande-Bretagne ; mais le *catholicisme* fait de grands progrès en Angleterre, et il est presque exclusif en Irlande.

2. Gouvernement. — Les Iles Britanniques forment le **Royaume de Grande-Bretagne**, plus communément désigné sous le nom d'**Angleterre**, et l'**État libre d'Irlande**, rattaché à l'Angleterre. Le Gouvernement britannique est une *monarchie* constitutionnelle et héréditaire, même pour les femmes.

Le **pouvoir exécutif** appartient au *roi* qui gouverne à l'aide de ses *ministres*, responsables devant les Chambres.

Le **pouvoir législatif** appartient au *Parlement*, formé de la *Chambre des Lords*, dont les membres sont, soit héréditaires, soit nommés par le roi, soit désignés par leurs fonctions (prélats), soit élus ; et de la *Chambre des Communes*, élue pour 7 ans.

3. Régions et villes. — Autrefois agricoles, les Iles Britanniques sont devenues industrielles depuis un siècle. Ce changement a eu pour conséquences : 1° d'accroître la population urbaine qui est actuellement de 77 pour 100 ; aussi le pays compte 44 villes de plus de 100.000 habitants, (17 en France seulement) ; 2° de déplacer la population du Sud-Est, resté agricole, vers l'Ouest, devenu industriel grâce à ses mines de houille et de fer. Ainsi, les villes du Sud-Est sont des cités anciennes, riches en souvenirs et en monuments du passé, mais stationnaires, ou en décadence même, sauf les ports, tandis que les villes de l'Ouest, vieilles d'un siècle à peine, sont actives, peuplées, en pleine croissance, mais enfumées, noires et banales.

1° **L'Angleterre du Sud-Est**, ou la *Vieille Angleterre*, demeurée agricole, doit ses grandes villes au commerce :

Londres (5 millions d'hab.), capitale du Royaume, est un grand port sur la Tamise, et la première ville du monde, après New-York, pour la population et le commerce. Elle doit à ses parcs immenses sa principale parure. (*Voir le plan ci-dessous et la* 1re *im., et, p. 77, la* 5e *im.*)

Centre de Londres. — La Cité, le Vieux Londres, est le quartier des affaires ; Westminster celui du gouvernement ; et le West-End, celui des riches.

Hull (287.000 h.) est un port de pêche et de commerce sur l'Humber.

Douvres, Folkestone et **Newhaven** sont des ports d'embarquement pour la France.

Brighton (142.000 h.) est la plage favorite des Anglais.

Southampton (160.000 h.), tête de ligne pour l'Amérique, et **Portsmouth** (250.000 h.), port militaire, s'abritent derrière l'Ile de Wight, « corbeille de fleurs et de fruits jetée à la surface des eaux ».

Bristol (377.000 h.) est un port sur l'Avon, près du golfe qui lui doit son nom.

A côté de ces villes commerçantes existent quelques cités anciennes : **Oxford** et **Cambridge**, centres universitaires ; **Durham, York** et **Cantorbery**, villes épiscopales. (*Voir 2e image.*)

2° **La Cornouaille** n'a pour ville importante que **Plymouth** (210.000 h.), port militaire.

3° **Le Pays de Galles** est presque désert au Centre, mais le Sud est minier ; **Cardiff** (200.000 h.) exporte du charbon ; **Swansea** (160.000 h.), du cuivre.

4° **L'Angleterre du Nord-Ouest** doit à ses mines de houille et de fer toute son activité. Là, chaque région a sa spécialité industrielle.

Birmingham (920.000 h.) est le centre de la métallurgie ; **Sheffield** (490.000 h.), celui de l'acier.

Manchester (730.000 h.) travaille le coton qui lui vient par **Liverpool** (803.000 h.), port sur la Mersey. **Leeds** (458.000 h.), **Bradford** (285.00 0 h.) et **Leicester** (240.000 h.) travaillent la laine.

Newcastle (274.000 h.), sur la Tyne, est la ville du charbon.

5° **L'Écosse** concentre les 3/4 de sa population dans les Lowlands. C'est là que se trouvent :

Édimbourg (420.000 h.), l'ancienne capitale, près du Forth, sur lequel **Leeth** lui sert de port et de faubourg industriel.

Phot. Etab. Levy et Neurdein réunis.

1. — La Tour de Londres et le Pont de la Tour. — La *Tour de Londres*, antique palais-forteresse, est aujourd'hui un musée d'artillerie et garde les diamants de la couronne britannique. Elle donne son nom au *Pont de la Tour* formé de deux travées de rives, fixes, et d'une travée centrale, mobile. Cette travée centrale se compose de deux volées de 30 m. de longueur chacune qui s'élèvent pour laisser passer les grands navires. Une passerelle pour piétons réunit les deux hautes tours formant les piliers de ce pont, le dernier construit sur la Tamise, vers son embouchure.

Glasgow (1.100.000 h.), sur la Clyde, a d'immenses chantiers de constructions navales.

Dundee (167.000 h.) dans les Highlands, sur la Mer du Nord, est un port de pêche, et travaille le jute.

6° **L'Irlande** restée agricole n'a qu'une grande ville, **Dublin** (430.000 h.), la capitale. Ce port, situé sur une belle rade, en face de Liverpool, exporte, en Angleterre, les produits agricoles et le bétail de l'île. **Cork** et **Waterford** sont deux marchés agricoles.

7° **L'Ulster** ne fait pas partie de l'État libre d'Irlande, mais du Royaume d'Angleterre. **Belfast** (430.000 h.), le chef-lieu, est le centre de l'industrie du lin.

DEVOIR ÉCRIT — 1. *Exercice 9) du Cahier de Croquis.* — 2. *Décrivez les régions et les grandes villes de la Grande-Bretagne.*

2. — Quelques monuments de la " Vieille Angleterre ".

9e Leçon. — VIE ÉCONOMIQUE DES ILES BRITANNIQUES

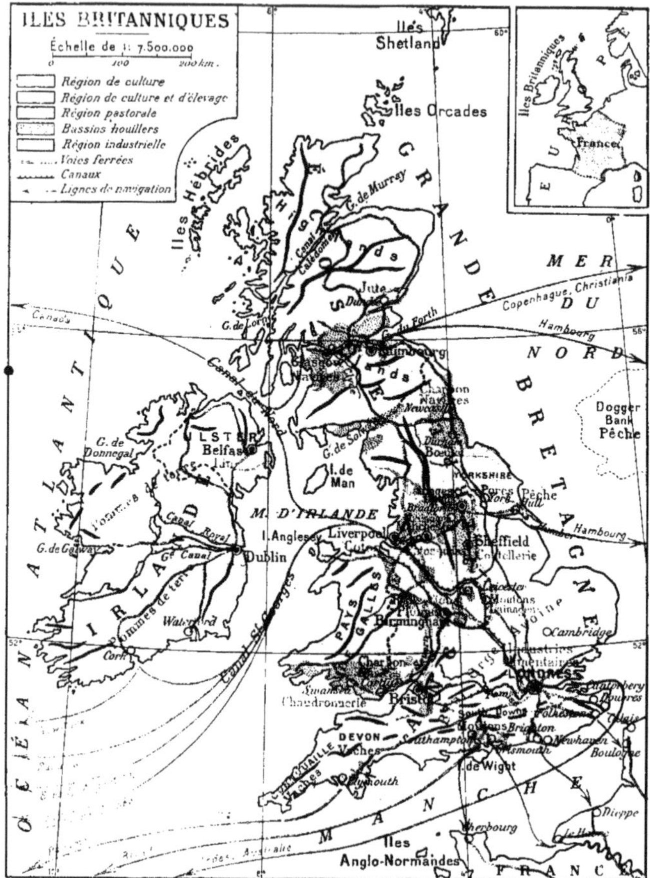

1. Agriculture. — Le sol des Iles Britanniques est entre les mains de grands propriétaires, ce qui a favorisé les procédés de culture scientifique et d'élevage intensif. Aussi, les céréales donnent-elles 32 hl. à l'hectare ; 1/3 de plus qu'en France.

De même, des races remarquables ont été créées : le *cheval anglais pur sang ;* le *bœuf de Durham*, riche en viande : les *vaches de Devon* et *de la Cornouaille*, excellentes laitières ; le *mouton Southdown*, à la chair délicate, et le *mouton Leicester* ou *Dishley*, à la laine fine ; le *porc Yorkshire* d'un engraissement prodigieux. (*Voir 2e image.*)

La **culture** des *céréales* se fait surtout au Sud-Est. Le blé ne fournit que 1/4 de la consommation totale ; l'orge sert à faire la bière ; l'avoine, à nourrir les animaux, et même l'homme en Écosse et en Irlande.

La *pomme de terre* est la production caractéristique de l'Irlande.

L'élevage, qui demande moins de bras que l'agriculture et donne de plus gros bénéfices, tend à s'accroître. Les champs reculent partout devant les prairies et les pâturages, qui occupent plus des 5/8 du sol, alors que 1/8 seulement est en cultures. On compte 2 millions de chevaux ; 12 millions de bœufs, 25 millions de moutons, 5 millions de porcs. (*Voir 1re image.*)

La **pêche** occupe plus de 140.000 personnes ; elle est très fructueuse en morue et hareng, surtout sur le Dogger Bank de la Mer du Nord.

2. Industrie. — Grâce à leurs riches mines de houille et de fer, les Iles Britanniques sont surtout industrielles.

La **houille** est très abondante dans les régions montagneuses de l'Ouest ; son extraction fournit 260 millions de tonnes ; seuls les États-Unis passent avant avec 577 millions.

Le **fer** est également abondant, et a cet avantage de se trouver au voisinage des bassins houillers ; son extraction produit annuellement 12 millions de tonnes et place les Iles Britanniques au 3e rang après les États-Unis (68 millions), et la France (29 millions).

L'industrie métallurgique est très active et n'est dépassée que par celle des États-Unis. Les principaux centres sont en même temps des régions houillères : *Glasgow* et *Newcastle*, constructions navales ; *Sheffield*, coutellerie ; *Birmingham*, rails, clous, plumes métalliques ; *Cardiff*, machines ; *Swansea*, chaudronnerie. Toutes ces régions, jadis couvertes de forêts, forment aujourd'hui le *Pays noir*. C'est un amoncellement de scories et de cendres de charbon, au sol poussiéreux ou gluant, suivant la saison, et où d'innombrables cheminées percent un ciel toujours couvert de fumées et de brouillards, que trouent des reflets de fournaise.

Les **industries textiles** occupent plus d'un million d'hommes. Le *coton*, importé par Liverpool, est travaillé à Manchester. Les *laines* indigènes, et celles de l'Australie, de l'Afrique Australe et de l'Argentine sont manufacturées à Leeds, à Bradford et à Leicester. Le *lin*, cultivé en Irlande ou importé de Riga, est filé à Belfast. Le *jute* de l'Inde est travaillé à Dundee.

Les **industries chimiques** se rencontrent dans toutes

les régions houillères, et les **industries alimentaires** dans les régions agricoles du Sud-Est, à Londres en particulier, où elles occupent presque toute l'activité ouvrière.

3. Voies de communication. — Les **voies ferrées** sont très multipliées par suite de la rivalité des compagnies et de la libre concurrence. Elles desservent toutes les villes de quelque importance. (*Voir 3e image.*)

Les **voies navigables** sont nombreuses. Les *rivières*, assez courtes mais profondes et régulières, ne sont séparées que par des seuils peu élevés, qui ont été facilement coupés par des *canaux de jonction*. Les principaux unissent la Tamise à la Severn, à la Mersey et à l'Humber ; la Mersey est également unie à l'Humber ; la Clyde, au Forth ; en Irlande, Dublin est uni au Shannon, par le Grand Canal et le Canal Royal.

La **marine marchande** de la Grande-Bretagne est la première du monde.

Les **ports**, généralement établis à l'estuaire d'un fleuve remonté par la marée, sont unis à l'arrière-pays par des voies ferrées ou navigables. Le principal, *Londres*, alimente l'énorme capitale et, avec les autres ports anglais, la région industrielle du Nord-Ouest. Viennent ensuite *Liverpool*, port cotonnier ; *Cardiff* et *Newcastle*, ports charbonniers ; *Southampton*, port de vitesse pour l'Amérique et l'Afrique Australe ; *Hull*, le premier port de pêche du Globe ; *Glasgow* exporte de la métallurgie et importe des denrées alimentaires.

4. Le commerce extérieur des Iles Britanniques est le plus considérable qui existe.

Les **importations** comprennent :

1° Des *produits alimentaires*, car le sol britannique est loin de nourrir ses habitants : *céréales* des États-Unis, de l'Argentine et de l'Inde ; *viandes* de l'Australie et de l'Argentine ; *beurres* et *œufs* des Pays Scandinaves, de la Hollande et de la France ; *sucre* des colonies tropicales.

2° Des *matières premières*, car l'Angleterre est surtout industrielle : *coton* des États-Unis et de l'Inde ; *laines* de l'Australie et de l'Argentine ; *minerai de cuivre et de fer* de l'Espagne et du Chili ; *bois* des Pays Scandinaves et du Canada.

3° Des *produits de luxe : soieries de Lyon, lainages fins, meubles, bijoux, articles de Paris,* venant surtout de la France, car les Anglais ne s'adonnent qu'à la grande industrie.

Les **exportations** comprennent :

2. — Quelques races anglaises.

1° Des *objets manufacturés :* tissus de coton et de laine, machines de toutes sortes, produits chimiques.

2° Des *matières brutes :* houille du pays ; cuivre, fer, laine et coton qui sont réexportés.

Les principaux **pays d'échange** avec la Grande-Bretagne sont d'abord ses grandes possessions : Inde, Australie, Canada et Afrique Australe, puis viennent les États-Unis, la France et les Pays-Bas.

5. La fortune de la Grande-Bretagne, due à son agriculture, à son industrie et à son commerce, est immense et s'accroît sans cesse, mais elle est très inégalement répartie.

Par suite d'un individualisme forcené, issu du Protestantisme, et de la libre concurrence économique, qui ont favorisé le développement de la grande industrie, les petits propriétaires ont été ruinés, et à leurs dépens se sont fondées d'immenses fortunes que le droit d'aînesse tend à conserver dans les mêmes familles.

Ainsi, l'Angleterre est un pays aristocratique, où, à côté de fortunes colossales, règne, plus que partout ailleurs, le plus affreux paupérisme. Cependant, bon nombre de travailleurs intelligents, actifs et rangés, jouissent d'une modeste aisance.

DEVOIR ÉCRIT. — 1. *Exercice 10 du Cahier de Croquis.* — 2. *Quels sont les produits importés par l'Angleterre ? d'où lui viennent-ils ?* — 3. *Nommez les produits exportés ? — les ports de commerce ?*

Phot. Etab. Levy et Neurdein réunis.

1. — Une prairie d'élevage au bord de la Tamise. — Le climat humide de l'Angleterre convient surtout aux prairies d'élevage. Aussi, ce pays abandonne de plus en plus la culture pour l'élevage qui demande moins de bras et rapporte de plus gros bénéfices.

Phot. Etab. Levy et Neurdein réunis.

3. — **Le Pont du Forth**, en Écosse, a 1.600 m. de long, et 2.481 m. en y comprenant les viaducs d'approche portés sur piles en maçonnerie. Les trois tours métalliques ont 110 m. de haut, et chacune des deux grandes travées, 522 m. de longueur.

10e Leçon. — L'EMPIRE BRITANNIQUE

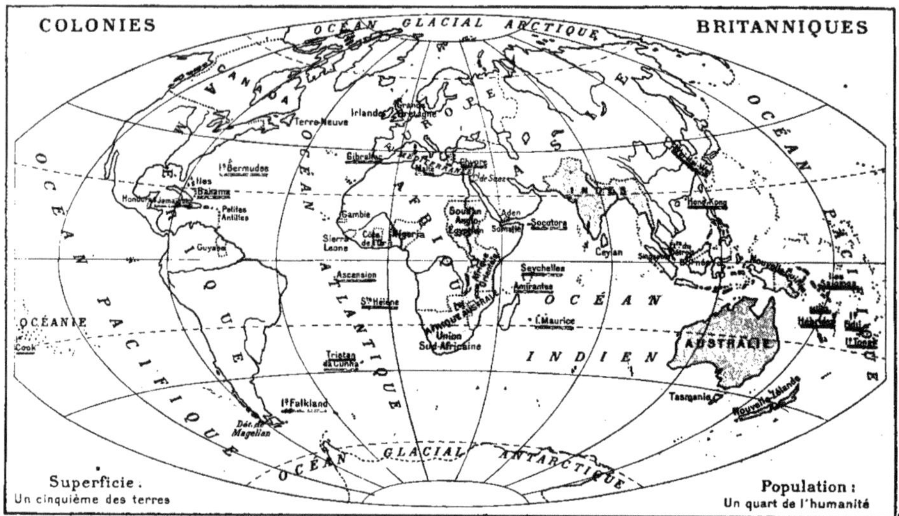

1. L'Empire colonial britannique est le plus vaste et le plus peuplé. Il comprend 1/5 des terres et 1/4 de l'humanité.

Sauf les Indes et le Canada, enlevés à la France en 1763, et l'Australie, qui reçut ses premiers établissements en 1788, cet immense Empire a été formé durant le dernier siècle. Il a été accru et complété, après la Grande Guerre, par l'occupation de la plus grande partie des anciennes colonies allemandes.

2. Catégories de colonies. — On peut diviser les colonies britanniques en trois groupes ou catégories.

1° **Dans les régions tempérées** : des *colonies de peuplement* qui jouissent d'une autonomie presque complète, mais constituent, pour l'industrie et le commerce de la métropole, d'immenses débouchés : le *Canada*, l'*Union Sud-Africaine*, l'*Australie* et la *Nouvelle-Zélande*.

2° **Dans les régions chaudes** : des *colonies d'exploitation*, étroitement surveillées, dont la métropole tire des produits agricoles, en échange des produits de son industrie ; en Asie : l'*Empire des Indes*, les *Établissements des Détroits*, le *Nord de Bornéo ;* en Afrique : la *Gambie*, la *Sierra Léone*, la *Côte de l'Or*, la *Nigéria*, le *Soudan anglo-égyptien*, la *Somalie anglaise*, l'*Afrique Orientale* et la partie nord de l'Afrique Australe ; en Amérique : le *Honduras britannique*, la *Jamaïque*, les *Iles Bahama* et la *Guyane*; en Océanie, la *Nouvelle Guinée*.

3° **Disséminés sur toute la surface du globe** : des *entrepôts de commerce* ou des *points stratégiques ;* en Europe : *Gibraltar*, *Malte* et *Chypre* sur la route de l'Extrême-Orient par la Méditerranée et Suez ; en Asie : *Aden*, *Ceylan*, *Singapour*, *Hong-Kong* et *Wei-Haï-Wei*, sur la route d'Extrême-Orient ; en Afrique : les îles *Ascension*, *Sainte-Hélène*, *Tristan da Cunha*, *Maurice*, les *Amirantes*, les *Seychelles* et *Socotora*, sur la route d'Extrême-Orient par le Sud de l'Afrique ; en Amérique : les *Bermudes* et les *Petites Antilles*, sur la route du Canal de Panama ; les *Iles Falkland*, sur la route du Pacifique par le Détroit de Magellan ; en Océanie : un grand nombre d'îles ou d'îlots servant en quelque sorte de satellites à l'Australie : les *Iles Salomon*, les *Nouvelles-Hébrides*, les *Iles Fidji* et *Tonga*.

3. Conséquences de l'étendue de cet empire colonial. — Pour se mettre en relations rapides avec son immense Empire colonial, l'Angleterre a établi un vaste réseau de lignes télégraphiques qui couvre le monde. Pour le protéger, elle se confie à sa flotte de guerre, la plus formidable de l'Univers, et qui lui donne la maîtrise des océans.

4. La puissance britannique reste la première du monde à cause de son industrie et de son commerce dont presque tous les peuples sont tributaires ; de son Empire colonial, le plus important qui existe ; de sa langue, la plus répandue et qui tend à devenir la langue commerciale universelle.

Cependant, la prédominance de la Grande-Bretagne n'est plus aussi marquée qu'autrefois, car si ses progrès économiques ont été considérables, et si la Grande Guerre en a fait le vainqueur de sa grande rivale industrielle et commerçante, l'Allemagne, depuis quelques années, plusieurs autres pays, tels que les États-Unis, le Japon et la France, balancent sa domination. Aussi, à l'ère des triomphes économiques et politiques a succédé, pour elle, la période de luttes avec des adversaires souvent égaux, parfois supérieurs.

DEVOIR ÉCRIT. — 1. *Exercice 11 du Cahier de Croquis.* — 2. *Faites le tour du monde de l'Ouest à l'Est en indiquant les points stratégiques et les principaux entrepôts de commerce de la Grande-Bretagne.*

11e Leçon. — LE DANEMARK

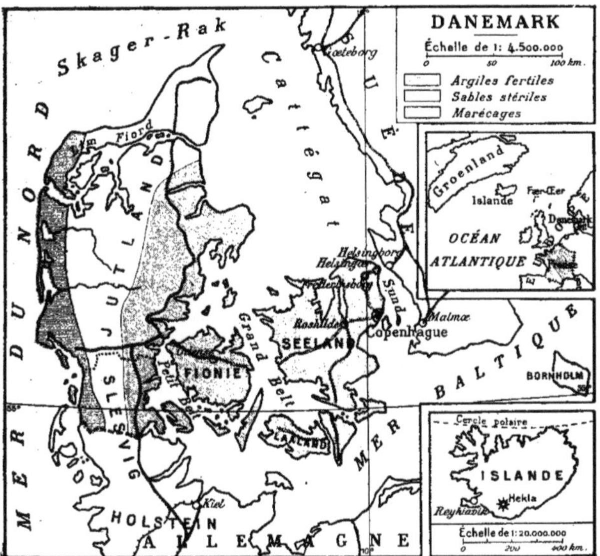

1. Étendue et divisions. — Le **Danemark** est un petit État de l'Europe océanique dont la superficie égale à peu près six de nos départements.

Il comprend une partie continentale, le nord de la longue presqu'île du *Jutland*, et une partie insulaire, l'*Archipel danois*, composé de 150 îles dont les plus importantes sont *Seeland, Fionie, Laaland*, et plus à l'Est *Bornholm*. Ces îles sont séparées par trois principaux passages : le Grand Belt, semé d'écueils ; le Petit Belt, trop peu profond, et le Sund, le plus fréquenté, car il a partout plus de 4 km. de large et 10 m. de profondeur.

2. Sol et climat. — Le Danemark est un pays de plaines à peine bossué de quelques collines morainiques. Le sol est formé, à l'est du Jutland et dans les îles, d'un limon glaciaire très fertile ; au centre du Jutland, par des sables et des graviers infertiles provenant de la fonte des glaciers ; à l'Ouest, par des marécages.

Les côtes occidentales du Jutland sont basses, bordées de dunes et d'étangs et battues par de furieuses tempêtes ; celle de 1825 forma le Lim-Fiord qui sépara du Continent la partie nord du Jutland. Les côtes de l'Est et des îles sont plus hospitalières et creusées de quelques échancrures où se sont abrités les ports.

A cause des vents dominants de l'Ouest ou du Sud-Ouest, le climat est doux, humide et brumeux ; les pluies sont fréquentes et fines, mais peu abondantes. Il arrive souvent qu'en hiver des vents froids soufflent de l'Est et gèlent les détroits pendant un ou deux mois.

Pays de plaines et de pluies fréquentes, le Danemark a beaucoup de cours d'eau, mais ils sont peu étendus à cause de l'étroitesse des formes ; il possède aussi de nombreuses nappes lacustres.

3. La population du Danemark atteint près de 3 millions 1/2 d'habitants (74 au km²). Elle diminue de l'Est à l'Ouest. L'excédent des naissances l'accroît annuellement de 35 à 40.000 personnes.

Les **Danois** sont des Scandinaves à la taille élevée, aux cheveux blonds et aux yeux bleus ; ils appartiennent à la religion luthérienne et parlent le danois.

4. Gouvernement et villes. — Le Danemark est un royaume constitutionnel. Le pouvoir législatif appartient à deux chambres, l'une, nommée par le roi ; l'autre, élue au suffrage universel.

La population est surtout rurale.

Copenhague (561.000 h.), la capitale, dans l'Ile Seeland, sur le Sund, est la seule grande ville du royaume. Elle possède une rade sûre et bien abritée et concentre toute l'activité industrielle du Danemark (industrie alimentaire surtout). (*Voir*, p. 32, 5e *image*.) *Frédériksborg* possède un célèbre château royal : *Roskilde*, l'ancienne capitale, est le Saint-Denis de la monarchie danoise.

Helsingœr garde le passage le plus étroit du Sund ; **Odense**, dans l'Ile Fionie, travaille le cuir.

5. Vie économique. — Le Danemark est un pays agricole. Il **cultive** de l'*avoine*, du *seigle*, de l'*orge* et des *pommes de terre* ; mais sa principale ressource est dans l'**élevage** ; ses pâturages nourrissent près de 2 millions 1/2 de *bêtes à cornes*, et ses *beurreries*, organisées en coopératives, constituent sa principale industrie.

Le pays élève encore 2 millions de *porcs* et 15 millions de *poules*.

Son **commerce extérieur** comprend l'*importation* de la houille et des objets manufacturés, et l'*exportation* des produits de l'élevage : beurre, viande et œufs. Il se fait surtout avec l'Angleterre et l'Allemagne.

6. Possessions extérieures. — Le Danemark n'est plus que le reste d'un puissant royaume : la Suède s'en détacha au XVIe siècle ; la Norvège lui fut enlevée en 1815 pour le punir de sa fidélité à la France napoléonienne ; le Slesvig et le Holstein lui furent enlevés par la Prusse en 1864 ; mais le Slesvig lui a été rendu à la suite de la Grande Guerre. Il n'a gardé comme possessions extérieures que l'*Islande*, les *Iles Fœr-Œer* et le *Groenland*.

L'Islande, la *Terre des glaces*, égale 1/5 de la superficie de la France. C'est une île basaltique presque complètement couverte de neiges et de glaces. L'activité souterraine s'y manifeste par des sources thermales, des geysers d'eau bouillante, et des volcans dont le plus célèbre est l'*Hekla*. Les côtes sont découpées de nombreux fiords : seule, celle du Sud, soumise à l'influence du Gulf-Stream, est habitable.

La *population* de 94.000 habitants se groupe autour de la capitale *Reykiavik*. Elle vit surtout de l'élevage du mouton, du poney et du renne, et de la pêche à la morue. Depuis 1918, cette île forme un royaume autonome, uni au Danemark par un souverain commun qui prend le titre de roi de Danemark et d'Islande.

DEVOIR ÉCRIT. — 1. *Exercice 12 du Cahier de Croquis.* — 2. *Décrivez l'aspect, le climat et les productions du Danemark.*

12e Leçon. — NORVÈGE ET SUÈDE

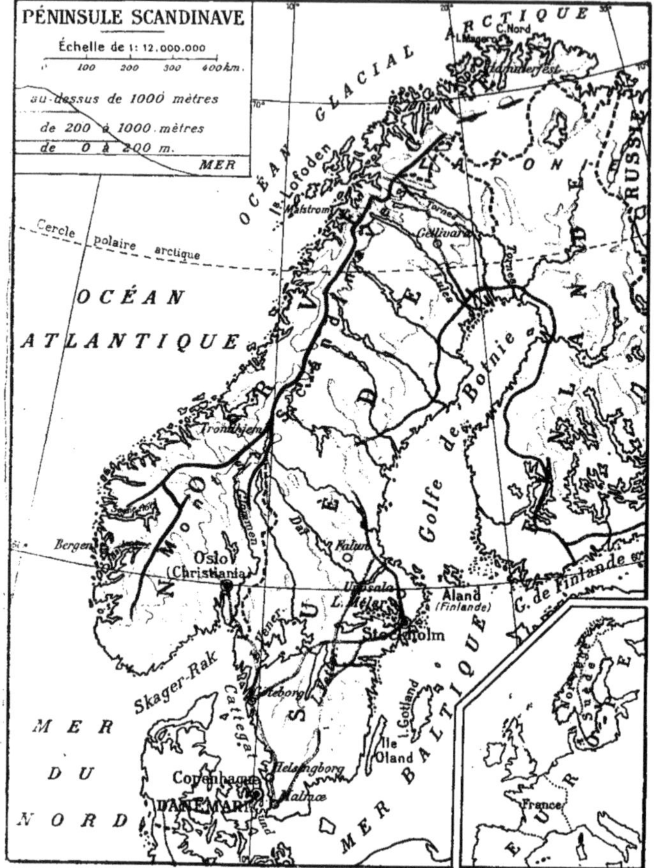

1. **La Péninsule scandinave** comprend la **Norvège** et la **Suède.** Après avoir appartenu au Danemark, elle a formé, au XIXe siècle, deux États distincts sous un souverain commun, le roi de Suède. **En 1905, la Norvège** a brisé le dernier lien qui l'unissait à la Suède, en se choisissant un roi, et cette séparation politique, complète la différence physique, économique et morale qui existe entre ces deux pays et leurs habitants qui n'ont de commun que leur origine scandinave, et la chaîne qui les sépare.

NORVÈGE

2. **Situation et étendue.** — La Norvège occupe le versant occidental des Monts Scandinaves. Toute en longueur, sa superficie égale les 3/5 de celle de la France.

3. **Relief et côtes.** — **Les Monts Scandinaves appartiennent au plissement ancien,** dit Calédonien ; **aussi l'érosion les** a profondément **rongés, et transformés en plateaux.**

Le versant occidental ou **norvégien est très étroit et abrupt ;** il se termine sur la mer **par de hautes falaises découpées d'innombrables fiords. Ce sont d'anciennes vallées glaciaires submergées,** c'est-à-dire des golfes **étroits et sinueux, dominés par de hautes murailles à pic, et qui pénètrent et se ramifient fort loin dans les terres. Les** ***Fiords de Trondhjem*** et de ***Christiania,*** le ***Hardangerfiord*** et le ***Sognefiord*** sont les plus longs. (*Voir, p. 32, 1re et 2e images.*)

Un chapelet **d'îles ou d'îlots,** que l'assaut des vagues **a détachés** du continent, **s'égrènent le** long de la côte, **laissant entre** elles et le **littoral une zone calme très favorable à la navigation.**

Les principales de **ces îles** sont les **Lofoden, dont les passes** sont **parcourues,** au **moment** de **la marée,** par de **terribles courants** ; le **plus fameux, le** *Malstrom,* est célèbre **dans les** annales des naufrages.

Le **Cap Nord, le point le plus** septentrional de **l'Europe, se** projette en avant de l'***Ile Magéro*** en une falaise **de 300 mètres** de hauteur (*Voir, p. 6, 1re image*).

4. **Climat et hydrographie.** — Grâce au Gulf-Stream, **les côtes** norvégiennes ont **un climat tempéré et humide. Jusqu'au** nord des Iles Lofoden **elles sont** toujours **libres de glaces, et l'écart entre l'été et l'hiver n'est** que de 15°.

Les nuages **poussés par les** vents **du Sud-Ouest viennent** buter contre la Chaîne Scandinave **et s'y condensent en** pluies **ou en neiges abondantes, surtout au Sud. Aussi,** les ***glaciers*** sont-ils peu étendus **au Nord, mais au Sud,** ils occupent de vastes espaces.

Par suite de l'étroitesse **du versant occidental, la** Norvège n'a qu'un **fleuve important,** le ***Glommen,*** **qui** se jette dans le Skager-Rak.

5. **La population** de la Norvège **dépasse 2 millions et** demi d'habitants (8 au km²). **C'est la plus faible densité** de tous les États de l'Europe. **Cependant elle s'accroît** par l'excès des naissances sur les décès, et **cet accroissement** serait bien plus considérable **si l'émigration ne lui** enlevait, par an, de 20 à 25.000 **personnes qui vont au** Canada ou aux États-Unis.

Cette population est très inégalement répartie, elle se presse le long des côtes et dans les vallées, laissant les 97 % du pays inoccupés.

Les **Norvégiens** sont des Scandinaves à la taille élevée, aux yeux bleus et aux cheveux blonds. Ils parlent le norvégien et sont luthériens.

La partie septentrionale du pays est occupée par une population petite et trapue, au teint jaunâtre, les *Lapons*, de race jaune. Ce sont des pasteurs nomades occupés à l'élevage du renne qui leur fournit la nourriture et le vêtement.

6. Gouvernement et villes. — La Norvège est une *monarchie constitutionnelle*. Le pouvoir législatif appartient à deux assemblées élues pour trois ans par le suffrage universel.

Le **Norvégien** est individualiste, peu docile au pouvoir, très épris de liberté et hardi navigateur.

Christiania, aujourd'hui **Oslo** (258.000 h.), la capitale, au fond d'un fiord, est le débouché de toute la Norvège méridionale. Chaque vallée de la côte occidentale a sa petite ville qui lui sert de port. **Bergen** (91.000 h.) et **Trondhjem** (55.000 h.) sont les deux principales. **Hammerfest** est la plus septentrionale. (*Voir p.* 32, 3e *et* 4e *images.*)

7. Vie économique. — Le sol de la Norvège est aux 3/4 improductif, et les forêts occupent presque tout l'autre quart, ne laissant pour la culture ou les prairies qu'un espace très restreint (le trentième du sol).

La **culture**, de l'orge et de l'avoine, est insignifiante. L'**élevage** est plus important : un million de bêtes à cornes fournissent du lait et du beurre estimés, qu'on exporte en partie. (*Voir p.* 32, 2e *image.*)

Les **forêts** donnent du bois pour l'exportation.

Mais c'est la **pêche** qui constitue la grande ressource du pays, car le poisson pullule sur ses côtes et dans les mille ramifications de ses fiords : les *harengs* et les *maquereaux* sont pêchés sur les côtes méridionales ; les *morues*, sur les côtes septentrionales, et la *baleine*, tout au Nord.

Les **industries** sont celles de l'élevage, des forêts et de la pêche.

Deux **voies ferrées** unissent la Norvège à la Suède, à travers la chaîne scandinave; mais la plupart des échanges se font par mer.

La **marine marchande** norvégienne, en effet, est très importante ; elle occupe le 5e rang dans le monde.

Le **commerce extérieur** comprend l'*importation* de grains et d'objets manufacturés, et l'*exportation* des produits de la pêche et de l'exploitation des forêts. Il se fait surtout avec l'Angleterre et l'Allemagne.

SUÈDE

8. Situation et étendue. — La Suède occupe le versant oriental des Monts Scandinaves. Sa superficie égale les 4/5 de celle de la France.

9. Relief et côtes. — Rongé par l'érosion glaciaire, le versant oriental des **Monts Scandinaves** forme une pénéplaine descendant en terrasses jusqu'à la Baltique. Il est subdivisé, par les moraines latérales des anciens glaciers, en vallées, parallèles entre elles et perpendiculaires à la côte. Celle-ci est rocheuse, mais basse et peu découpée ; trois îles principales s'en détachent : **Oland** et **Gotland** au Sud ; **Aland**, au Centre, appartient à la Finlande.

10. Climat et hydrographie. — La Suède est soustraite par la Chaîne Scandinave à l'influence adoucissante du Gulf-Stream, aussi son **climat** est nettement continental. Ses hivers sont très froids et ses étés brûlants. Les rives du Golfe de Botnie sont prises par les glaces quatre mois par an. L'écart entre les moyennes de janvier et de juillet est de 23° ; les extrêmes vont jusqu'à 54°.

Les *pluies* sont faibles et tombent surtout en été, sous forme d'orage.

Les **fleuves**, nombreux mais peu abondants, s'étalent en lacs morainiques et sont coupés de chutes au seuil des terrasses. Les plus importants sont le **Dal**, le **Luléa** qui forme la plus forte cataracte d'Europe (1.040 m. de large sur 79 m. de hauteur), et la **Tornéa** qui sert de frontière septentrionale.

Les **Lacs Véner**, **Vetter** et **Mélar**, de la plaine méridionale, sont d'anciens golfes marins.

11. La population de la Suède est de 6 millions d'habitants (14 au km²). Très faible au Nord, la densité est plus forte au Centre et au Sud. Comme en Norvège, 20 à 25.000 émigrants vont annuellement au Canada ou aux États-Unis ; mais cette perte est largement compensée par l'immigration et surtout par l'excédent des naissances.

Cette population comprend des *Scandinaves*, grands, blonds, aux yeux bleus ; et des *Lapons* de race jaune. Elle est luthérienne et parle le suédois ; le français s'y est très répandu à la suite de Bernadotte, général de l'Empire, devenu roi de Suède.

12. Gouvernement et villes. — La Suède est un *royaume constitutionnel*, fortement centralisé. Le pouvoir législatif appartient à deux chambres élues au suffrage restreint.

La Suède, restée rurale, a peu de grandes villes ; elles s'échelonnent sur le littoral ou au bord des lacs.

Stockholm (420.000 h.) la capitale, est magnifiquement bâtie sur des îles qu'entourent les eaux sortant du Lac Mélar. (*Voir p.* 32, 6e *image.*)

Göteborg (202.000 h.), sur le Cattégat, au débouché occidental de la région des lacs, est la seconde ville et le premier port de la Suède.

Malmœ (115.000 h.) et **Helsingborg** (50.000 h.), ports sur le Sund.

Uppsala (25.000 h.) est la métropole religieuse et intellectuelle, et la cité historique du pays.

13. Vie économique. — La Suède est surtout agricole et forestière. Environ 1/10 du sol est **cultivé** en céréales (surtout en avoine) et en pommes de terre. L'**élevage** des bêtes à cornes donne lieu aux industries laitières.

Les **forêts**, qui couvrent près de la moitié du territoire, sont la principale ressource, par les produits d'exportation qu'elles fournissent. La Suède n'a pas de houille, mais elle y supplée par ses chutes d'eau.

Les **minerais** sont abondants ; les *minerais de fer de Gellivara* et de *cuivre de Falun* alimentent quelques usines métallurgiques et le commerce d'exportation.

Le pays dispose d'un bon réseau de **voies ferrées** ; des **canaux** unissent ses lacs de la plaine méridionale.

Son commerce comprend l'*importation* de grains, de houille et d'objets manufacturés, et l'*exportation* des produits forestiers et miniers. Il se fait surtout avec l'Angleterre et l'Allemagne.

DEVOIR ÉCRIT. — 1 *Exercice 13 du Cahier de Croquis.* 2. *Comparez le relief, le climat et les productions de la Suède et de la Norvège.*

13e Leçon. — LES PAYS-BAS

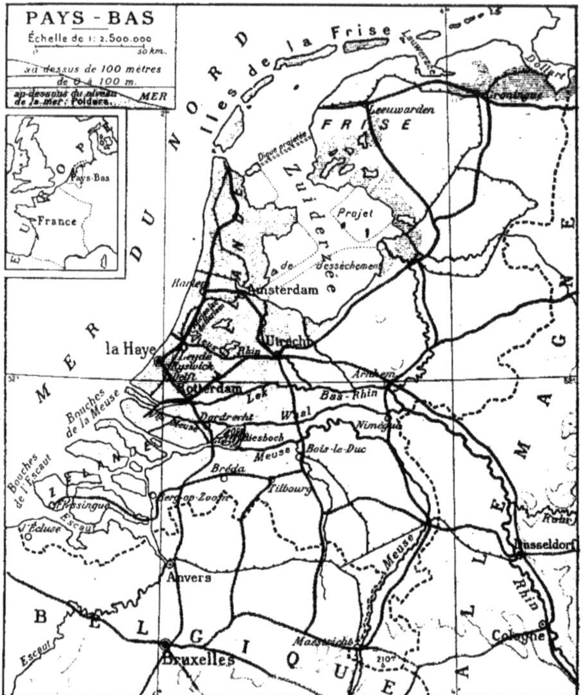

1. Situation et étendue. — **Hollande** (*hol*, creux ; *land*, terre). **Néerlande** (*neder*, bas), et **Pays-Bas** sont trois noms, ayant la même signification, employés pour désigner un petit État de l'Europe océanique situé entre la Mer du Nord, l'Allemagne et la Belgique. Sa superficie égale à peine six de nos départements.

2. Relief, côtes et hydrographie. — La Hollande est bien nommée : c'est une *plaine basse*, dont un tiers même est au-dessous du niveau des hautes eaux, et qui serait inondée à chaque marée sans les digues qui la défendent contre les flots. La partie la plus élevée, une bande de terre allongée entre l'Allemagne et la Belgique, porte, malgré sa faible altitude de 210 mètres, le nom assez prétentieux de *Suisse néerlandaise*.

Le sol de la Hollande se compose : à l'Est, de sables et de graviers stériles, d'origine glaciaire formant des landes et des marais ; à l'Ouest, d'alluvions fluviales très fertiles qui constituent les *polders*, plaines basses asséchées.

La côte d'un pays aussi plat est naturellement très basse. Jadis un cordon de dunes la bordait, mais la mer a rompu cette fragile barrière et a pénétré à l'intérieur des terres, surtout à la suite de tempêtes particulièrement violentes : elle a détaché du continent les *Iles de la Frise* et de la *Zélande* et a formé des *golfes* profonds : ceux du *Dollart* et de *Lauwerzée* au XIIIe siècle ; le *Zuiderzée*, au XIVe siècle. Au XVe siècle, une de ces tempêtes lança les flots de la mer entre le Rhin et la Meuse, engloutit 72 villages, noya cent mille personnes, et changea une plaine fertile en un vaste marais, le *Biesbosch*. Mais l'homme a entrepris la lutte contre la mer. Dès le XVIe siècle, un corps spécial d'ingénieurs, le *Waterstaat*, fut créé pour régulariser cette lutte. Les fragments de l'ancienne dune ont été fixés ; des digues puissantes ont été construites sur le littoral et le long des cours d'eau ; l'embouchure des fleuves a été fermée par de gigantesques écluses qui ne s'ouvrent qu'à marée basse ; des centaines de pompes à vapeur et des milliers d'autres mues par le vent travaillent sans cesse à puiser les eaux de pluie ou d'infiltration et à les verser à la mer ou dans les cours d'eau endigués. (*Voir 1re image.*) Non seulement le sol a été défendu contre de nouveaux empiètements des eaux, mais une partie du terrain perdu a été reconquis. Des lacs ont été desséchés et transformés en polders, tel le *Lac de Harlem*, et l'on projette le desséchement d'une partie du Zuiderzée. (*Voir le plan du projet sur la carte.*)

La Hollande est un vaste delta dans lequel les embouchures du Rhin, de la Meuse et de l'Escaut se croisent et se ramifient. Toutes ces branches fluviales ont dû être bordées de digues, car les eaux coulent à un niveau supérieur aux champs voisins ; ce sont ces digues qui servent de routes et qui portent les voies ferrées.

3. Le climat de la Hollande est brumeux, humide et tempéré. Le ciel est généralement couvert (à peine compte-t-on 40 ou 50 jours clairs par an) ; les *pluies* sont fréquentes (2 jours sur 3), mais faibles (70 cm. au plus). La *température* est douce, grâce aux vents dominants de l'Ouest ; cependant, des vents froids de l'Est gèlent, un ou deux mois par an, les canaux et les golfes. C'est ainsi, qu'en 1795, les hussards français purent s'emparer de la flotte hollandaise, emprisonnée dans les glaces du Zuiderzée.

4. La population de la Hollande est de 7 millions d'habitants (205 au km²) ; assez faible dans les landes et les marais de l'Est, elle est très dense dans les polders de l'Ouest. Par l'excédent des naissances, cette population s'accroît de 110 à 120.000 personnes par an.

Les habitants des Pays-Bas sont des *Germains ;* ils parlent le hollandais ; les 2/3 appartiennent à différentes confessions protestantes, 1/3 est catholique ; les juifs sont assez nombreux (1/10), surtout dans les villes.

Le *Hollandais* a la taille élevée, la face ronde, le teint blanc, les cheveux blonds et les yeux clairs. Dans sa lutte incessante contre l'eau il a puisé une ténacité indomptable et un ardent amour du sol natal et de la liberté. L'humidité qui moisit tout, le porte à une propreté minutieuse. Patient et laborieux, il est surtout agriculteur, commerçant ou marin.

5. Gouvernement et villes. — Soulevée contre l'Espagne au XVIe siècle, la Hollande forma, pendant trois siècles, la *République des Sept Provinces unies* qui acquit, par le commerce maritime et la prise de possession d'importantes colonies, une remarquable prospérité et une grande puissance politique. A la chute de l'Empire napoléonien, elle devint, jointe à la Belgique qui s'en sépara en 1831, le royaume des Pays-Bas. La Hollande est aujourd'hui une *monarchie constitutionnelle*. Elle a deux chambres législatives formant les États généraux ; la première est élue par les États des 11 Provinces dont se compose le royaume, et la seconde par le peuple.

L'*Ouest des Pays-Bas*, la *Hollande proprement dite*, ou la région des polders, est la partie la plus riche et la plus peuplée ; c'est là que se trouvent les plus grandes villes.

La Haye (355.000 h.), la capitale du royaume, mais la troisième ville seulement pour la population, est une cité moderne distante de 4 km. de la mer.

Amsterdam (650.000 h.) est bâtie sur pilotis, au fond d'un golfe du Zuiderzée. C'est la plus grande ville du pays. Son industrie de la taille des diamants reste florissante. Le Zuiderzée n'ayant plus la profondeur suffisante pour le tonnage actuel des navires, on a creusé un canal maritime qui l'unit à la Mer du Nord ; mais comme le canal gèle un ou deux mois par an, la ville perd de son importance commerciale au profit de Rotterdam. (*Voir 2e image.*)

Rotterdam (520.000 h.) située sur un bras du Rhin, large et profond, est le port le plus actif de la Hollande, et la seconde ville du royaume.

Leyde (65.000 h.) sur le Vieux Rhin, ancienne ville universitaire, fabrique du drap.

Harlem (77.000 h.) fait un grand commerce de fleurs.

Flessingue, à l'entrée de l'Escaut, dans la Zélande, est un port de passage pour l'Angleterre.

Utrecht (140.000 h.), à la bifurcation d'un des bras du Rhin, fabrique des velours renommés. Le *Traité d'Utrecht* mit fin à la Guerre de la Succession d'Espagne.

La *région des landes et des marais* de la Hollande orientale est la partie la moins riche et la moins peuplée. Les villes principales sont **Maestricht**, sur la Meuse, et **Nimègue** sur le Rhin ; le *Traité de Nimègue* termina la Guerre de Hollande.

6. Vie économique. — D'un pays de sable et d'eau, le Hollandais a transformé les 3/10 en cultures et les 4/10 en pâturages ; les 3/10 à peine restent improductifs.

La culture des céréales perd sans cesse du terrain au profit des plantes industrielles (betteraves à sucre surtout) et des cultures maraîchères, fruitières et florales.

L'élevage a plus d'importance que les cultures. Les grasses prairies des polders nourrissent plus de 2 millions de vaches qui alimentent un énorme commerce de lait, de beurre et de fromage. (*Voir 1re image.*)

Phot. Champagne.

1. — Aspect de la campagne hollandaise dans une région d'élevage, à Zaandam, à une dizaine de kilomètres au nord-ouest d'Amsterdam. Remarquez les nombreuses pompes à vent qui se silhouettent sur l'horizon.

Phot. Étab. Lévy et Neurdein réunis.

2. — **Amsterdam** doit son nom, qui signifie *digue de l'Amstel*, à sa position à l'embouchure de la petite rivière de l'Amstel endiguée (*dam* signifie digue en hollandais). La ville est traversée par un grand nombre de canaux qui la divisent en 90 îlots réunis par 300 ponts dont plusieurs se lèvent pour laisser passer les bateaux.

La pêche est une des principales sources de revenus : elle capture surtout le hareng. Ce sont les Hollandais qui ont inventé la préparation du *hareng saur* ou salé.

Les industries sont peu actives à cause du manque de houille et de minerai. Les principales travaillent les produits agricoles du pays ou des colonies (*sucreries, chocolateries*). D'autres, déjà anciennes, produisent les *velours d'Utrecht*, les *draps de Leyde* et les *faïences de Delft*. Les *constructions navales*, qui attirèrent autrefois Pierre-le-Grand, commencent à reprendre de l'importance.

La Hollande possède d'excellentes **routes**, établies sur les digues, et pavées en briques. Les **voies ferrées**, qui empruntent également les digues, sont peu développées. La grande voie de communication c'est le **fleuve** ou le **canal**.

La marine marchande occupe le 7e rang dans le monde. *Rotterdam, Amsterdam* et *Flessingue* sont ses ports les plus fréquentés.

Le commerce extérieur de la Hollande est un des plus importants du Globe, et le premier de tous proportionnellement au nombre d'habitants. Il comprend l'*importation* des céréales, des denrées coloniales, des objets manufacturés et de la houille, et l'*exportation* des produits de l'élevage et de la pêche. Son meilleur *client* est l'Allemagne, puis viennent ses colonies et l'Angleterre.

7. Colonies. — La Hollande est la 3e puissance coloniale du monde, après l'Angleterre et la France : 50 millions d'habitants sur une étendue égale à 4 fois celle de la France (26 h. au km²). Ce sont surtout des *colonies d'exploitation*.

Elles se composent de deux groupes. Le principal, celui des **Indes orientales** ou **Indes néerlandaises**, comprend Java, Sumatra, Célèbes, les Moluques, la plus grande partie de Bornéo et l'Ouest de la Nouvelle Guinée. *Java*, la plus importante, est seule mise en culture. Sous la surveillance des Hollandais, les indigènes cultivent les denrées coloniales (thé, café, cacao, épices) qui font la fortune de la métropole.

Les **Indes occidentales** comprennent la Guyane Hollandaise, et quelques-unes des Petites Antilles.

DEVOIR ÉCRIT. — 1. *Exercice 14 du cahier de croquis.* — 2. *Comment les Hollandais ont-ils conquis leur pays sur les eaux ?*

14e Leçon. — LA BELGIQUE

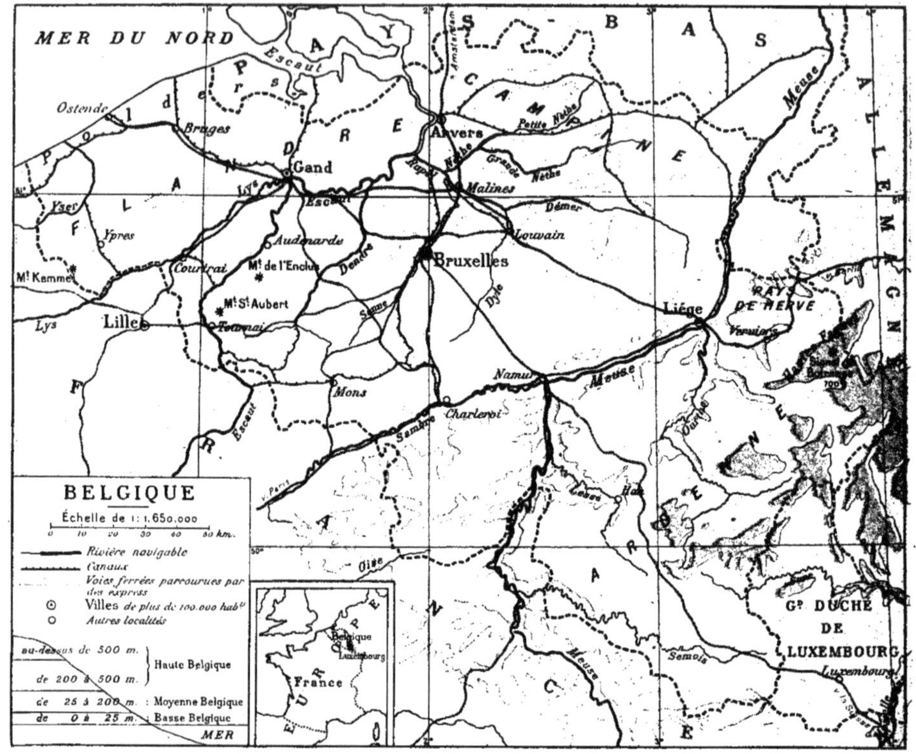

1. Situation et étendue. — La Belgique n'a pas de limites naturelles, sauf la Mer du Nord, qui la sépare de l'Angleterre. Ailleurs elle est entourée par la France, le Grand-Duché de Luxembourg, l'Allemagne et les Pays-Bas. Sa *superficie* égale cinq de nos départements.

2. Relief du sol. — Le sol de Belgique s'élève lentement du Nord-Ouest au Sud-Est. Il présente trois divisions : la *Basse*, la *Moyenne* et la *Haute Belgique*.

La **Basse Belgique** est une plaine unie, à peine plus élevée que le niveau de la mer. La partie maritime même, plus basse que les hautes eaux, a été endiguée et forme des polders qui unissent ceux des Pays-Bas à ceux de la France. Le sol, formé de sable et d'argile, est fertile dans la Flandre et stérile dans la Campine. (*Voir p. 33, 1re image.*)

La **Moyenne Belgique** est une région de plaines vallonnées où s'élèvent quelques collines témoins de l'ancien niveau du sol, et qui, au milieu de la plaine, ont un air imposant quoique leur altitude ne dépasse pas 157 mètres. Les principales sont les *Monts Kemmel*, *Saint-Aubert* et de l'*Enclus*. Le sol très fertile de ces plaines limoneuses est formé d'un mélange de sable, d'argile et de calcaire.

La **Haute Belgique** est un plateau, boisé dans l'*Ardenne*, marécageux dans les *Hautes Fagnes* et herbeux dans le *Pays de Herve*. Il est découpé de vallées profondes et sinueuses, et bossué de hauteurs. Le *Signal de Botrange* (700 m.) est le point culminant de la Belgique.

3. La côte belge est basse et rectiligne. Elle est bordée d'un bourrelet de dunes formées par les vents aux dépens des bancs de sable qui longent le rivage. Aussi n'y trouve-t-on que des villes balnéaires, ou des ports artificiels creusés et entretenus à grands frais. (*Voir, p. 33, 2e image.*)

4. Climat et hydrographie. — La Belgique a un climat maritime, humide et tempéré. Elle ne possède que le cours moyen des deux principaux **fleuves** qui la traversent : la *Meuse* et l'*Escaut*.

La Meuse est le fleuve de la Haute Belgique. Avec ses affluents, la *Semois*, la *Lesse* qui a creusé la célèbre *Grotte de Han* (*Voir, p. 33, 3e image*), la *Sambre* et l'*Ourthe*, elle traverse le plateau schisteux de l'Ardenne. Son cours, sectionné par des écluses et des barrages, ressemble un à véritable canal.

L'Escaut est le fleuve de la Moyenne Belgique ; il reçoit la *Lys*, la *Dendre*, et le *Rupel* formé par la réunion de la *Nèthe* et de la *Dyle*, que grossit le *Démer* et la *Senne*.

C'est le fleuve de plaine par excellence : il coule lentement, à pleins bords, entre des berges qu'on a surélevées pour empêcher les inondations ; son aspect n'est autre que celui d'un canal. (*Voir, p.* 33, 5e *image.*)

L'Yser, rivière canalisée de la Basse Belgique, fut le théâtre de la célèbre bataille de 1915.

5. La population de la Belgique est de près de **8 millions d'habitants (251 au km²)** : c'est la plus forte moyenne des États du Globe. Cette population, assez clairsemée dans la Campine infertile et sur le Plateau de l'Ardenne, est très dense dans les plaines fertiles et dans les régions industrielles de Sambre-et-Meuse. Elle s'accroît, par l'excédent des naissances, de 80.000 âmes par an. L'immigration compense largement l'émigration.

Deux familles et deux langues se partagent à peu près également la Belgique : au nord d'une ligne passant par Courtrai, Bruxelles et Liége, sont les *Flamands* de famille et de langue germaniques ; au sud de la même ligne, les *Wallons*, de famille celte et de langue française ; les deux langues sont officielles. Presque tous les Belges sont catholiques.

6. Gouvernement et villes. — Au cours des siècles, la Belgique appartint à diverses puissances étrangères : France ou Allemagne, Bourgogne, Autriche ou Espagne ; mais elle conserva, presque toujours, un gouvernement distinct et ses franchises communales, qui permirent aux grandes villes industrielles et commerciales de Bruges et de Gand, d'Ypres, de Courtrai et de Liége, etc., d'acquérir un haut degré de prospérité et de puissance. Liée à la Hollande, en 1815, sous le nom de Royaume des Pays-Bas, elle s'en sépara en 1831 pour former le Royaume de Belgique. C'est une *monarchie constitutionnelle* avec deux chambres élues.

Bruxelles (160.000 h.), la capitale, doit sa fortune à sa position centrale au croisement des grandes voies internationales. C'est une belle ville moderne qui s'adonne surtout aux industries de luxe. Elle est entourée de onze villes-faubourgs très peuplées qui portent son agglomération à 850.000 h. (*Voir, p.* 33, 6e *image.*)

Anvers (420.000 h.), sur l'Escaut inférieur, est le principal port de la Belgique et l'un des premiers du monde. (*Voir, p.* 33, 4e *image.*)

Liége (240.000 h.), **Namur** (32.000 h.), **Charleroi** (28.000 h.) et **Mons** (27.000 h.) exploitent leurs mines de houille et travaillent le fer.

Gand (220.000 h.), **Bruges** (54.000 h.), **Ypres, Courtrai, Tournai, Audenarde,** sont de vieilles villes, célèbres, à l'époque des franchises communales, par leurs industries textiles qui firent leur fortune dont témoignent encore leurs superbes églises et leurs opulents hôtels de ville flanqués de fiers beffrois.

Malines est la métropole religieuse ; **Louvain**, une ville universitaire ; **Ostende**, une station balnéaire et le port d'embarquement pour l'Angleterre ; **Verviers**, un centre de lainages.

7. Vie économique. — La Belgique est un des pays les plus prospères du monde. Cette prospérité a de multiples causes : la richesse du sol et du sous-sol ; sa situation avantageuse au centre des plus grandes puissances européennes ; le labeur actif et intelligent de ses habitants ; l'accroissement rapide de sa population ; la direction sage du gouvernement qui a su développer l'enseignement professionnel sous toutes ses formes. Aussi l'*agriculture*, l'*industrie* et le *commerce* ont-ils fait de grands progrès.

L'Agriculture est très prospère. Le sol, naturellement fécond ou rendu tel par un travail opiniâtre, produit beaucoup de *céréales*, insuffisantes cependant à la nourriture d'une population si dense ; des *pommes de terre*, des *betteraves sucrières* et du *lin* pour l'industrie.

On élève du *gros bétail*, en Flandre ; des *chevaux*, dans la Moyenne et la Haute Belgique ; des *moutons*, dans la Campine ; des *porcs* et de la *volaille*, dans toutes les fermes.

L'Industrie est la grande richesse de la Belgique qui possède heureusement la plupart des matières premières qu'elle emploie.

La *houille* est abondante et place la Belgique au 9e rang des pays charbonniers ; le *fer*, également abondant, se trouve dans les mêmes régions que la houille : Mons, Charleroi, Namur et Liége en sont les principaux centres. Ces deux importants produits ont provoqué le développement des *fonderies* et des *constructions mécaniques*, et transformé le couloir de Sambre-et-Meuse en une des régions les plus industrielles du monde.

Les *industries textiles*, qui firent jadis la fortune de la Flandre, sont toujours prospères. On travaille le lin et le chanvre dans la vallée de la Lys ; le coton, à Gand et aux environs ; la laine, à Verviers.

Parmi les *industries agricoles* la fabrication du sucre de betterave tient la première place ; elle est particulière aux régions productrices de la matière première : Moyenne et Basse Belgique.

Les voies de communication ont, en Belgique, une importance internationale puisque le pays, qui occupe une position centrale, est une grande région de transit.

Les *chemins de fer*, facilement établis sur un sol de si faible relief, forment le réseau le plus serré qui soit au monde.

Les *voies navigables* sont également nombreuses. L'Escaut et la Meuse sont les principales. Elles sont réunies entre elles et aux réseaux français et allemands par de nombreux canaux.

Parmi ses *ports*, Anvers le dispute par son tonnage avec les plus grands du monde. Il est desservi par 60 lignes de navigation et fait, à lui seul, les 9/10 du commerce maritime de la Belgique.

Le commerce extérieur de la Belgique est considérable : proportionnellement au nombre d'habitants, seul celui de la Hollande est plus actif.

Il comprend : l'*importation* des denrées alimentaires et des matières premières pour les industries textiles (laine et coton) ; l'*exportation* de la houille, des machines et des tissus. C'est avec la France que la Belgique fait le plus d'affaires, puis viennent l'Allemagne, la Grande-Bretagne et les États-Unis.

8. Colonie. — Les capitaux accumulés par son commerce actif ont permis à la Belgique de se lancer dans des entreprises lointaines et d'exploiter sa colonie du Congo.

Cette vaste colonie (4 fois 1/2 la France et 13 millions de Noirs), fournit du minerai de cuivre, de l'huile de palme et surtout du caoutchouc et de l'ivoire, qui font de la Belgique le premier marché du monde pour ces deux produits.

9. LE GRAND-DUCHÉ DE LUXEMBOURG est un petit État neutre, égal au tiers d'un de nos départements. Il compte 260.000 habitants, de religion catholique et de langues allemande et française, avec prédominance du français.

Il a de riches mines de fer. *Luxembourg*, la capitale, est très pittoresque.

DEVOIR ÉCRIT. — 1. *Exercice 15 du cahier de croquis.* — 2. *Parlez de l'industrie, des voies de communication et du commerce de la Belgique.*

SUPPLÉMENT D'ILLUSTRATION POUR LES PAYS SCANDINAVES

Phot. Vérascope Richard.

1. — **Le Hardangerfiord** est dominé, en certains points, par des falaises de 1000 m. de haut, au pied desquelles les eaux atteignent jusqu'à 600 m. de profondeur, et il s'enfonce de 140 km. dans les terres. Le village de Odda que montre l'image, est situé à l'extrémité d'une vallée glaciaire et au fond du Sorfiord, la plus longue des multiples ramifications du Hardangerfiord.

Phot. Vérascope Richard.

2. — **La Vallée du Nœrodal** est une des plus sauvages de la Norvège. Elle est bordée de montagnes si hautes qu'elles empêchent de voir le soleil plusieurs mois de l'année. On s'y livre surtout à l'élevage du gros bétail. Cette vallée se prolonge par le Nœrofiord, une des branches méridionales du Sognefiord, le plus long de tous les fiords norvégiens, puisqu'il s'avance de 180 km. dans les terres.

Phot. Vérascope Richard.

3. — **Bergen** est, après Oslo (Christiania), la première ville de la Norvège. Comme toutes les villes de ce pays, elle est située au fond d'un fiord, car ce sont les points les plus abrités de la côte. C'est un port de pêche et le plus important du royaume pour le commerce maritime. Il exporte du poisson sec, de l'huile de foie de morue, du goudron et des bois du Nord.

Phot. Vérascope Richard.

4. — **Hammerfest**, la ville la plus septentrionale du monde, est peuplée de 2.000 habitants qui vivent surtout de commerce. Du 16 mai au 30 juillet, le soleil tourne constamment au-dessus de son horizon, mais, par contre, il disparaît complètement du 20 novembre au 21 janvier ; pendant ce temps la ville est, depuis quelques années, éclairée à l'électricité.

Phot. Vérascope Richard.

5. — **Copenhague** (le *havre des marchands*, en danois) occupe une partie de l'île Seeland et de l'île Amager sa voisine. Le canal qui les sépare est bordé, à droite de l'image, par la Bourse, bel édifice de la Renaissance, dont la tour centrale est surmontée d'une flèche formée de quatre monstres la tête en bas et dont les queues s'enroulent et se terminent en pointe.

Phot. Vérascope Richard.

6. — **Stockholm**, la capitale de la Suède, disperse ses habitations dans des îles qu'entourent les eaux sortant du Lac Mélar, ce qui l'a fait appeler la Venise du Nord ; mais c'est une Venise enfouie dans la verdure de ses parcs et de ses jardins. Le Palais royal, à gauche de l'image, est un énorme rectangle de 103 m. sur 123, dans le style de la Renaissance italienne.

SUPPLÉMENT D'ILLUSTRATION POUR LA BELGIQUE

1. — **La Flandre maritime** est une plaine basse conquise sur les eaux et préservée de leur invasion par de fortes digues. Le sol humide de ces plaines convient aux prairies où l'on élève ces grosses vaches flamandes qui donnent beaucoup de lait. Remarquer le toit à forte pente des habitations, et la rangée de peupliers qui longe la route à l'horizon.

2. — **Ostende** est séparée de la mer par une énorme digue de maçonnerie, de 3 km. de long sur 30 m. de large et 10 m. de hauteur, que bordent de beaux hôtels et de riches villas. Remarquer, au premier plan, la digue naturelle formée par les dunes de sable qui longent la Flandre maritime et protègent la plaine intérieure de l'envahissement des eaux.

3. — **La Grotte de Han**, comme la plupart des grottes des régions calcaires, résulte des cassures du sol agrandies par l'action dissolvante des eaux d'infiltration. C'est aussi à cette action des eaux que sont dues les stalactites qui pendent des voûtes et les stalagmites qui s'élèvent du sol à la rencontre des stalactites. Cette grotte célèbre se compose d'une suite de galeries et de salles dont la plus grande, dite Salle du Dôme, mesure 154 m. de long, 140 m. de large et 120 m. de haut. La Lesse, qui traverse la grotte, en ressort à travers un vaste lac souterrain et sous une arche grandiose.

4. — **Anvers.** La *Cathédrale* Notre-Dame, bâtie du XIVe au XVIe siècle, est une des plus grandioses de la Belgique. Sa merveilleuse flèche sculptée à jour s'élève à 123 m. de hauteur. C'est de là qu'a été prise la vue de la ville. Au premier plan, l'*Hôtel de Ville* construit en 1564, dans le style de la Renaissance. Au dernier plan, le *port* et la ligne blanche de l'*Escaut* qui se perd à l'horizon. La ville s'élève à 88 km. de la Mer du Nord, sur la rive droite de l'Escaut, large de 500 m. et assez profond pour que les plus gros navires puissent le remonter jusqu'à cet endroit.

5. — **L'Escaut à Tournai** avec le vieux Pont des Trous et la silhouette des cinq clochers de la cathédrale. Le *Pont des Trous* est un beau spécimen de l'architecture militaire au moyen âge ; il faisait partie des anciennes fortifications de la ville. La *cathédrale* est remarquable par son chœur ogival dont la voûte (la plus élevée qui existe), a 48 m. de hauteur, et par ses cinq clochers romans, de 83 m. de haut, sauf celui du milieu moins élevé de deux étages.

6. — **Bruxelles**, la capitale de la Belgique, possède de beaux monuments, mais c'est surtout la *Grand'Place* qui attire les touristes. Elle est bordée, au dernier plan de l'image, par les antiques *Maisons des Corporations* ; à droite, par la *Maison du Roi* finement sculptée ; à gauche, par l'*Hôtel de Ville* dont la tour élégante s'élève à 114 m. de hauteur. Cette place forme le plus bel ensemble d'architecture du moyen âge qui soit au monde.

15e Leçon. — L'ALLEMAGNE PHYSIQUE

1. Situation et étendue. — L'Allemagne occupe le Nord-Ouest de l'Europe Centrale.

Elle est limitée, au Nord, par la Mer du Nord, le Danemark et la Baltique ; à l'Est, par la Lithuanie et la Pologne ; au Sud, par la Tchéco-Slovaquie, l'Autriche et la Suisse ; à l'Ouest, par la France, le Luxembourg, la Belgique et la Hollande.

Par son étendue, égale aux 7/8 de celle de la France, elle tient le 4e rang en Europe, après la Russie, la France et l'Espagne.

2. Relief général. — L'Allemagne forme un plan incliné du Sud au Nord, depuis les Alpes jusqu'à la Mer du Nord et à la Baltique. On la divise en *Haute Allemagne* du Sud et *Basse Allemagne* du Nord.

3. La Haute Allemagne est constituée par des *plissements hercyniens* que l'érosion a rongés. Sur ce socle ancien se formèrent des terrains secondaires qui, au moment du soulèvement des Alpes, furent disloqués en massifs et séparés par des dépressions, puis recouverts en partie par les dépôts des glaciers alpestres.

Ainsi modifiée au cours des âges géologiques, la Haute Allemagne manque d'unité : elle présente cinq régions principales.

1° **Le Plateau de Bavière** s'appuie aux Alpes et descen[d] jusqu'au Danube. Les glaciers alpestres le recouvriren[t] autrefois de graviers stériles au Sud, et de limons fertile[s] au Nord.

2° **Le Plateau Souabe-Franconien**, entre le Danub[e] et le Main, s'appuie, au Sud, au *Jura Souabe-Franconie[n]* qui tombe en abrupt sur le Danube, et, à l'Ouest, au[x] *Monts de la Forêt Noire ;* il descend en terrasses vers l[e] Nord-Ouest. Son sol est un mélange de grès stériles e[t] de calcaires fertiles.

3° **La Région des Vosges Forêt Noire** était occupée aux temps géologiques, par une chaîne hercynienne don[t] la voûte centrale s'est effondrée, formant la dépressior[n] qu'occupe aujourd'hui la vallée du Rhin moyen, et don[t] les derniers gradins constituent les *Monts de la Forê[t] Noire*, à l'Est, les *Vosges* et le *Hardt*, à l'Ouest.

Ces deux chaînes ayant même origine ont même constitution et même aspect : les sommets arrondis atteignen[t] 1.500 mètres environ ; leurs versants sont abrupts à l'intérieur, du côté de l'effondrement, et en pentes douces à l'extérieur où ils se prolongent par les *Plateaux de Lorraine* à l'Ouest, par ceux *de Bavière* et *Souabe-Franconien* à l'Est. Leurs flancs sont également couverts de sombre[s] forêts de sapins, d'où le nom de Forêt Noire donnée à la chaîne orientale. Quant à la *Vallée du Rhin*, elle es[t] formée d'alluvions fluviales généralement très fertiles.

4° **Le Plateau Rhénan** est une vieille montagne érodée, au sol schisteux et pauvre comme l'Ardenne qui le prolonge à l'Ouest. Les vallées du Rhin, de la Moselle et de la Lahn le divisent en quatre massifs : à l'Ouest, l'*Hunsruck* et l'*Eifel*, séparés par la Moselle ; à l'Est, le *Taunus* et le *Wester-Wald* séparés par la Lahn.

5° **Le Plateau de Hesse-Thuringe**, au Nord du Main et entre le Plateau Rhénan, les Monts de Bohême et l'Erz ebirge, est formé de limons fertiles. **Il est accidenté** : à Ouest, par des massifs volcaniques, le *Vogels Gebirge ;* à Est, par des massifs primaires peu élevés et boisés, le *ranken-Wald* et le *Thuringer-Wald*, et, tout au Nord, *Harz* qui forme un promontoire au milieu de la plaine ; dernier a donné son nom aux plissements hercyniens e l'ère primaire.

4. La Basse Allemagne du Nord est une grande plaine llongée de l'Ouest à l'Est, qui unit les plaines de la Iollande à celles de la Pologne et de la Russie. Elle fut éparée de la Scandinavie, à la fin de l'ère tertiaire, par affaissement qui produisit la Baltique.

Cette vaste plaine, formée de dépôts glaciaires ou uviaux, n'est pas parfaitement unie. Elle comprend rois bandes parallèles orientées de l'Ouest à l'Est.

1° **Au Sud**, une *région limoneuse et fertile* qui s'adosse à Haute Allemagne, à l'Erz Gebirge et aux Sudètes.

2° **Au Centre**, une *dépression* formée de sables et de oues glaciaires, et couverte de landes à l'Ouest, et de narécages à l'Est.

3° **Au Nord**, les croupes baltiques, *plateaux bas* de dépôts laciaires, peu fertiles, parsemés de lacs et bordés, au ud, par d'anciennes moraines.

5. Côtes. — Les Plaines de l'Allemagne du Nord se erminent par plus de 2.000 km. de côtes basses, sablon-euses ou marécageuses.

La Côte allemande de la Mer du Nord est basse, maré-ageuse, et exposée aux violentes tempêtes qui soufflent ır cette mer. Elle a subi, au cours des siècles, d'impor-ants reculs, attestés, au large, par l'*Ilot d'Helgoland* ; lus près, par le cordon des *Iles de la Frise*, débris de ancien littoral disloqué, et par les *Golfes de Dollart* et e *Jade*.

La Côte allemande de la Baltique est basse et sablon-euse ; étant sur une mer plus calme, elle est plus régu-ère que celle de la Mer du Nord. Quelques îles bordent ette côte, *Rugen*, *Usedom* et *Wollin* sont les principales. l'Est, les vents ont édifié des cordons de dunes qui britent des lagunes (*haff*). Les deux principales sont : *'risches Haff* et *Kurisches Haff*.

6. Le Climat de l'Allemagne est sensiblement le même u Nord au Sud, car l'effet de l'altitude de la Haute llemagne est modifié par une latitude plus méridionale.

Par contre, il varie beaucoup de l'Ouest à l'Est par suite e l'éloignement de l'Océan et de son influence adoucis-ante.

Le climat de l'Ouest est humide et semi-océanique ; elui de l'Est, sec et continental : de 70 cm. de pluies dans es plaines, à 1 m. 50 dans les montagnes, à l'Ouest, tandis u'à l'Est, la hauteur des pluies ne dépasse pas 50 cm.

La différence de température entre l'Ouest et l'Est est endue sensible par le nombre de jours où les fleuves ont pris par les glaces annuellement : le Rhin n'est resque jamais gelé, tandis que l'Elbe l'est, ordinaire-nent, pendant 24 jours ; l'Oder, 30 jours, et le Niémen 4 jours.

7. Hydrographie. — La plupart des fleuves allemands suivant la pente générale du sol) vont du Sud au Nord, t se jettent dans la Mer du Nord ou la Baltique ; un seul, e Danube, se dirige vers l'Est et finit à la Mer Noire.

Dans les vieux massifs de la Haute Allemagne, les fleuves ont creusé des vallées étroites aux pentes abruptes; arrivés dans la plaine, ils coulent presque sans pente, aussi leur cours inférieur est remonté assez loin par la marée.

A l'exception du Rhin, alimenté par les neiges et les glaciers des Alpes, ces fleuves n'ont que des débits faibles et assez irréguliers, car ils ne reçoivent que les eaux de pluie ou celles qui proviennent, au printemps, de la fonte des neiges.

La Mer Noire reçoit le *Danube ;* la Mer du Nord, le *Rhin*, l'*Ems*, le *Weser* et l'*Elbe ;* la Baltique, l'*Oder*.

Le **Danube** n'appartient à l'Allemagne que par son cours supérieur. Il descend de la Forêt Noire et sépare le Jura Souabe-Franconien du Plateau de Bavière d'où lui viennent le *Lech*, l'*Isar* et l'*Inn*.

Le **Rhin** commence en Suisse et finit en Hollande ; il n'est allemand que sur les 2/3 de son parcours. A Bâle, il tourne brusquement au Nord et coule dans la large et longue vallée qu'encadrent les Vosges, le Hardt et la Forêt Noire. De l'Est lui viennent le *Neckar* et le *Main*. Après Mayence, il coupe le Plateau Rhénan par la *Trouée héroïque*. (*Voir p. 15, 1re image.*) C'est là qu'il reçoit, à gauche, la *Moselle*, et à droite la *Lahn*. Le Rhin entre ensuite en plaine, devient très large et reçoit, à droite, la *Ruhr* qui traverse un important bassin houiller.

L'**Ems** finit dans le Golfe de Dollart.

Le **Weser** descend du Thuringer-Wald, traverse le Plateau de Hesse-Thuringe dans une vallée encaissée, et, après un petit défilé appelé *Porte de Westphalie*, pénètre brusquement dans la région basse et marécageuse du Hanovre. Il se termine par un estuaire que la marée remonte jusqu'à Brême, à 80 km. de la mer. Son principal affluent est l'*Aller* qui coule dans la Dépression Centrale.

L'**Elbe** vient de la Bohême et entre en Allemagne par les pittoresques défilés de la *Suisse saxonne*. Devenu fleuve de plaine, il se traîne lentement en drainant la Dépression Centrale de l'Allemagne du Nord, où il reçoit la *Havel* grossie de la *Sprée* qui passe à Berlin. Son estuaire, large et profond, est remonté par la marée jusqu'au delà de Hambourg, à 120 km. des côtes.

L'**Oder** prend sa source en Moravie, à 300 mètres d'alti-tude seulement. C'est le plus caractéristique des fleuves de plaine de l'Allemagne. Il se termine dans un haff séparé de la haute mer par les Iles Usedom et Wollin. Son prin-cipal affluent est la *Warthe* grossie de la *Netze* qui vien-nent de l'Est et coulent dans la Dépression Centrale.

8. Ressources naturelles. — Dans la Haute Allemagne, les montagnes portent des **forêts ;** le mot *wald (forêt* ou *hauteur boisée*) sert à désigner plusieurs massifs ; les **landes** couvrent les plateaux schisteux rhénans : les **terres à cultures** occupent les dépressions limoneuses du Danube, du Rhin et du Main.

Dans la Basse Allemagne, les **landes** et les **cultures pauvres** (seigle et pommes de terre) occupent les Croupes baltiques et la Dépression Centrale ; la Région Limo-neuse du Sud est d'une **remarquable richesse agricole**.

L'Allemagne est riche en **mines**, de *houille* et de *fer* principalement. Ces deux produits si importants se trouvent dans les mêmes régions, au pourtour des anciens plissements hercyniens.

DEVOIR ÉCRIT. — 1. *Exercice 16 du Cahier de Croquis.* — 2. *Quel est le caractère des fleuves allemands ? Décrivez les cinq principaux*

16e Leçon. — L'ALLEMAGNE POLITIQUE

1. L'Unité allemande. — Organisée par Charlemagne et Othon le Grand, l'Allemagne forma longtemps un empire électif et féodal, de plus de 300 États, qui fut prépondérant en Europe, surtout sous les empereurs d'Autriche.

Cet empire, brisé par Napoléon et divisé en Empire d'Autriche et Confédération du Rhin, se reconstitua en 1815, sous le nom de Confédération germanique, que présida l'Autriche.

La Prusse est un État moderne. Au moyen âge, elle appartenait, sous la suzeraineté de la Pologne, à l'ordre religieux et militaire des Chevaliers Teutoniques. A la Réforme protestante, le Grand Maître de l'Ordre apostasia, sécularisa la Prusse en lui imposant le protestantisme, et l'érigea en duché héréditaire au profit de ses descendants.

L'un d'eux, le duc Frédéric prit, en 1701, le titre de roi de Prusse et ses successeurs travaillèrent efficacement à l'agrandissement du royaume.

En 1866, la Prusse brisa la Confédération germanique que présidait l'Autriche et organisa la Confédération de l'Allemagne du Nord. Victorieuse de la France en 1870, elle créa, à son profit, le nouvel Empire d'Allemagne.

2. Gouvernement. — Depuis sa défaite et la révolution qui en fut la conséquence, en 1919, l'Allemagne est une République fédérale qui conserve le nom de Reich (Empire).

Le *Pouvoir exécutif* du Reich appartient au Président, élu pour 7 ans par le peuple allemand. Il est assisté de ministres responsables.

Le *Pouvoir législatif* appartient à deux Chambres : le Reichsrat et le Reichstag.

Le *Reichsrat* (Conseil d'Empire) est formé des représentants de chacun des États de la Confédération (26 pour la Prusse, 10 pour la Bavière, 7 pour la Saxe, etc. ; 66 en tout). Il doit approuver tout projet de loi avant sa discussion et son vote par le Reichstag.

Le *Reichstag* (Diète ou Parlement d'Empire) est élu pour 4 ans, au suffrage universel et direct, par tous les Allemands majeurs des deux sexes.

Du gouvernement fédéral relèvent les questions diplomatiques, militaires, douanières, les chemins de fer, les postes et télégraphes. Son budget est alimenté par les revenus des douanes, des chemins de fer, des postes et télégraphes et par des impôts sur les sucres, le sel, le tabac, les eaux-de-vie et la bière.

3. Population. — L'Allemagne compte 60 millions d'habitants (123 au km²). C'est après la Russie le pays le plus peuplé de l'Europe. Cette population est très inégalement répartie : clairsemée dans les plaines peu fertiles de la Basse Allemagne et sur les Plateaux bavarois, elle est très dense dans les régions industrielles, en Rhénanie, dans la Saxe surtout, où elle atteint 300 habitants au km².

L'excédent des naissances sur les décès atteignait, en 1913, le chiffre énorme de 778.000 ; mais, en 1923, il n'a été que de 433.000, car le taux de la natalité est tombé de 27,5 pour 1.000, en 1913, à 19,4, en 1923. Cependant l'accroissement de la population allemande est considérable, car l'émigration ne dépasse pas actuellement 30.000 personnes par an.

Les deux tiers des Allemands sont protestants, surtout à l'Est ; ceux de l'Ouest sont catholiques.

L'*Allemand* est grand et robuste, mais lourd d'allures. Il a les yeux bleus et les cheveux blonds. Il est tenace et économe, et très respectueux de l'autorité qui sait s'imposer. Son amour-propre national lui donne un mépris arrogant pour tout ce qui n'est pas allemand, et un orgueil de domination qui lui a fait prendre pour mot d'ordre : « l'Allemagne au-dessus de tout » et par tous les moyens, car il a fait sien le monstrueux principe que la force prime le droit.

4. États et villes. — L'Empire fédéral allemand comprend 18 États républicains autonomes. Voici par ordre de population ceux qui ont plus de deux millions d'habitants : *Prusse* (37 millions), *Bavière* (7 millions), *Saxe* (4 millions et demi), *Wurtemberg* (2 millions et demi), *Bade* (2 millions).

En 1870, la population urbaine allemande était de 50 % ; elle est aujourd'hui de 67 %, contre 40 % en France. Cette augmentation est due au développement de l'industrie, qui a dépeuplé les campagnes et quelques villes anciennes qui se prêtaient mal aux industries. Aussi, actuellement, l'Allemagne compte 45 villes de plus de 100.000 habitants ; tandis que la France n'en a que 17. *(Voir p. 77, 2e fig.)*

5. La Prusse occupe presque tout le Nord de l'Allemagne et comprend les 3/5 de la superficie et de la population de tout l'Empire. Elle renferme 10 provinces et l'enclave de Hohenzollern sur le Danube. Ces provinces sont : au Centre, le *Brandebourg* et la *Saxe prussienne ;* au Sud-Est, la *Silésie ;* au Nord-Est, la *Poméranie* et la *Prusse orientale ;* au Nord-Ouest, le *Holstein* et le *Hanovre;* à l'Ouest, la *Westphalie,* la province de *Hesse-Nassau* et la *Rhénanie.*

Berlin (3.800.000 h.), sur la Sprée dans le Brandebourg, est à la fois la capitale de la Prusse et de l'Empire fédéral ; c'est le premier centre industriel de l'Allemagne.

Spandau, sur la Havel, et **Francfort**, sur l'Oder, sont des places fortes, défendant Berlin qui n'est pas fortifié.

Potsdam est une ancienne résidence royale ; aux environs se trouvent le *Moulin* et le *Château de Sans-Souci.*

Magdebourg (285.000 h.), place forte et ville commerçante sur l'Elbe ; **Halle** (182.000 h.), cité industrielle, et **Erfurt** (130.000 h.), ville horticole, sont dans la Saxe prussienne.

Breslau (530.000 h.), sur l'Oder, en Silésie, fait un grand commerce de laine.

Konigsberg (260.000 h.), dans la Prusse orientale, fut, après *Marienbourg,* la résidence du Grand Maître de l'Ordre Teutonique et devint ainsi le berceau de la monarchie prussienne. C'est une place forte et le siège d'une antique université. *Eylau* et *Friedland* rappellent deux sanglantes batailles, et *Tilsitt,* sur le Niémen, une entrevue célèbre.

Stettin (235.000 h.), sur l'Oder, en Poméranie, est le port de Berlin.

Kiel (205.000 h.) à l'entrée du canal de même nom, sur la Baltique, dans le Holstein, est un arsenal et le premier port militaire de l'Empire.

Hanovre (395.000 h.) est le chef-lieu de la province de même nom ; **Munster**, celui de la Westphalie ; **Cassel** (165.000 h.), celui de Hesse-Nassau.

Francfort-sur-le-Main (435.000 h.) est une des premières places financières de l'Europe.

Fulda, comme abbaye et évêché, joua un rôle prépondérant dans l'évangélisation de la Germanie.

Ems et **Wiesbaden** ont des eaux thermales très fréquentées.

Mayence (110.000 h.), **Coblenz**, **Cologne** (635.000 h.) et **Dusseldorf** (410.000 h.) sont des ports rhénans et des centres industriels. *(Voir, p. 39, 3e image.)*

Essen (440.000 h.) est le principal centre du bassin houiller de la Ruhr.

Crefeld (125.000 h.), centralise les industries de la soie.

Aix-la-Chapelle (145.000 h.) et **Trèves** sont deux villes anciennes de la Rhénanie.

6. La Bavière (7 millions d'h.), le second État du Reich par son étendue et sa population, comprend la *Bavière proprement dite,* au Sud ; la *Franconie* au Nord, et, isolé à l'Ouest, le *Palatinat.*

Munich (630.000 h.), la capitale, sur l'Isar, est remarquable par ses monuments et ses musées ; sa bière est renommée.

Nuremberg (355.000 h.), en Franconie, a conservé en partie sa physionomie du moyen âge ; elle est surtout connue pour ses industries des jouets.

Augsbourg (155.000 h.) rappelle la confession de foi des protestants, en 1500.

Ratisbonne, sur le Danube, a conservé sa physionomie du moyen âge.

Worms et **Spire** sont les deux principales villes du Palatinat.

7. La Saxe (4 millions 1/2 d'h.) occupe le versant nord de l'Erz Gebirge. Grâce à ses plaines fertiles et à son sous-sol riche en houille et en fer, sa population est la plus dense des États de l'Europe (300 h. au km²).

Dresde (590.000 h.), la capitale, sur l'Elbe, est célèbre par ses musées. *(Voir, p. 119, 2e image.)*

Leipzig (610.000 h.) est bâtie dans la plaine, au croisement de nombreuses routes, ce qui explique le grand nombre de batailles livrées dans ses environs, et son importance comme place de commerce, pour la librairie en particulier. Son université et ses anciennes foires l'ont rendue célèbre.

Chemnitz (305.000 h.) est la métropole allemande pour les cotonnades.

8. Le Wurtemberg (2 millions 1/2 d'h.) occupe le bassin du Neckar.

Stuttgart (310.000 h.), la capitale, a des industries textiles. **Ulm** est une vieille place forte sur le Danube.

9. Le Pays de Bade (2 millions d'h.) a pour capitale **Carlsruhe** (136.000 h.).

Mannheim (230.000 h.), au confluent du Neckar et du Rhin, est un grand port fluvial.

Bade, ou **Baden-Baden**, est une célèbre ville d'eaux qui a donné son nom au pays.

Fribourg-en-Brisgau possède une université.

Constance est un port fluvial à la sortie du lac de même nom.

10. Les autres États allemands n'ont pas deux millions d'habitants.

Les **États de Thuringe** (1 million 1/2 d'h.) ont pour villes principales *Weimar, Gotha, Iéna* et *Cobourg.*

La Hesse (1 million d'h.) a pour capitale *Darmstadt.*

Hambourg (1 million d'h.), sur l'Elbe, est le principal port de l'Allemagne.

Le **Mecklembourg** forme deux États ayant pour capitales *Schwerin* et *Strelitz.*

Parmi les autres États quelques-uns portent le nom de leur capitale :

Oldenbourg (517.000 h.), **Brunswick** (500.000 h.) **Brême** (270.000 h.) et **Lubeck** (120.000 h.).

DEVOIR ÉCRIT. — 1. *Exercice 17 du Cahier de Croquis.* — 2. *Nommez les principaux États de l'Allemagne et leurs grandes villes.*

17e Leçon. — L'ALLEMAGNE ÉCONOMIQUE

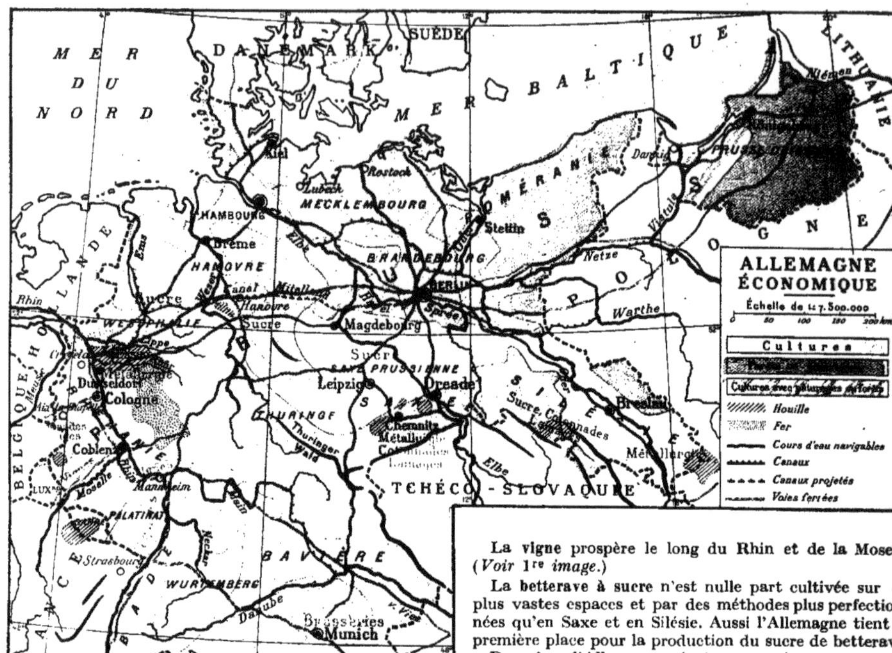

La **vigne** prospère le long du Rhin et de la Mosell (*Voir 1re image.*)

La **betterave à sucre** n'est nulle part cultivée sur d plus vastes espaces et par des méthodes plus perfection nées qu'en Saxe et en Silésie. Aussi l'Allemagne tient l première place pour la production du sucre de betterave

De même l'Allemagne vient au premier rang pour l production du **houblon** ; il est surtout cultivé dans le provinces occidentales.

Le **tabac** est également très cultivé.

Les **forêts** couvrent le quart de la superficie du terri toire. Elles occupent surtout la Haute Allemagne, o le mot *wald* (forêt) est synonyme de montagne boisée Il en existe également dans les régions sablonneuses d nord-est de la Prusse.

L'**élevage** du *gros bétail* et des *moutons* se pratiqu surtout sur les pentes des montagnes de l'Allemagn du Sud et dans les prairies naturelles du littoral de l Mer du Nord et de la Baltique. Les *porcs* sont élevé un peu partout, car la charcuterie occupe une plac importante dans l'alimentation allemande.

La **chasse** donne des produits abondants, car l'Alle magne est un des pays les plus giboyeux du monde.

La **pêche**, sur les nombreuses rivières et dans la Me du Nord et la Baltique, alimente un commerce important

1. **Les progrès économiques** de l'Allemagne n'ont commencé qu'avec l'achèvement de l'unité territoriale. Ces progrès, récents mais immenses, tiennent à plusieurs causes : à l'accroissement rapide de la population, à l'esprit méthodique et tenace des habitants, au perfectionnement de l'enseignement technique, et à l'énergique impulsion donnée par le gouvernement.

2. **Agriculture.** — Le sol de l'Allemagne est assez médiocre, surtout au Nord ; mais de patients et longs travaux l'ont conquis à la culture ; aussi, actuellement, 1/10 à peine reste improductif.

Les cultures alimentaires (*céréales, pommes de terre,* et *vignes*) sont moins importantes que les cultures industrielles (*betteraves à sucre, houblon* et *tabac*).

Les **céréales** pauvres (*seigle, avoine* et *sarrasin*) occupent les terrains médiocres ; le *blé* et l'*orge* ne sont cultivés que dans les plaines limoneuses du Rhin, de la Saxe et de la Silésie. L'Allemagne est loin de produire toutes les céréales nécessaires à son alimentation ; elle doit en importer.

La *pomme de terre* est très répandue, et place l'Allemagne en tête de la production mondiale ; elle supplée en partie à l'insuffisance des céréales et sert aussi à la fabrication de l'alcool.

3. **Industrie.** — Les progrès industriels de l'Allemagn ont eu pour conséquence de dépeupler les champs a profit des usines. On compte aujourd'hui 40 % d'ouvrier contre 33 % de cultivateurs ; aussi le socialisme s'es développé en proportion. Mais le besoin toujours plu considérable de bras que réclame l'industrie, a diminu des 9/10 le taux de l'émigration.

L'Allemagne est riche en **houille** (elle peut en exporter) et plus pauvre en fer (elle doit en importer) ; mais, pré cieux avantage, ces deux minerais voisinent générale

Phot. Champagne.

1. — **Furstenberg** est un antique château féodal qui s'élève sur la ive gauche du Rhin à mi-chemin entre Mayence et Coblenz. Les entes du coteau qui le portent, comme celles des bords du Rhin t de la Moselle bien exposées au soleil, sont couvertes de vignes ui donnent les vins du Rhin et de la Moselle.

Phot. Etab. Lévy et Neurdein réunis.

2. — **Dresde**, la capitale de la Saxe, est bâtie sur l'Elbe, dont la navigation est toujours très active malgré le peu de profondeur du fleuve. La ville possède de beaux monuments : églises, palais, théâtres, statues ; mais elle est riche surtout en musées, ce qui lui a valu le nom de Florence du Nord.

ient. Les principaux centres sont les bassins de la *Ruhr*, e la *Saxe* et de la *Silésie*.

L'**industrie métallurgique** allemande n'est dépassée ue par celle des États-Unis et de l'Angleterre. Elle est xtrêmement active dans la Ruhr, la Saxe et la Silésie, iches en houille et en fer.

Les **industries chimiques**, surtout la production des ouleurs minérales extraites de la houille, sont très actives. Elles sont établies dans le voisinage des mines de houille t des industries textiles.

Les **industries textiles** se développent. Le *coton* et la *aine* sont travaillés en Rhénanie, en Saxe et en Silésie ; e travail de la *soie* est concentré en Rhénanie et en Vestphalie.

Les **industries alimentaires** les plus prospères sont celles u sucre de betterave, des alcools de pomme de terre et de a bière ; la bière de Munich est la plus renommée.

4. Voies de communication. — L'Allemagne possède in excellent réseau de voies navigables et de voies ferrées qui aboutissent à de grands ports parfaitement outillés.

Les **voies navigables**, où dominent les rivières aménagées et où les canaux figurent seulement pour une ninime part, forment deux groupes encore isolés.

A l'Ouest, le *groupe du Danube, du Rhin et du Weser*, éuni, au Sud-Ouest, par le Main et le Canal Bavarois, et au Nord-Ouest, par la Lippe et les Canaux Westphalo-Hanovriens.

Au Nord, le *groupe de l'Elbe, de l'Oder et de la Vistule*, éuni par des canaux facilement creusés dans la Dépression Centrale de l'Allemagne du Nord, où coulent la Havel et la Sprée, la Warthe et la Netze qui ont été utilisées.

On se propose de réunir ces deux groupes par un canal central (*Canal du Mittelland*) allant du Weser à l'Elbe.

Enfin, le *Canal de Kiel* permet de se rendre de la Baltique à la Mer du Nord sans contourner le Danemark.

Le réseau des **voies ferrées** de l'Allemagne est le plus étendu de l'Europe, mais il n'est pas le plus serré : c'est celui de la **Belgique** qui tient ce record.

Parmi les nombreuses voies ferrées qui sillonnent l'Allemagne, quatre ont une importance internationale. *Deux lignes relient l'Europe occidentale à l'Europe orientale* : la ligne de Paris à Pétrograd, par Cologne, Magdebourg, Berlin et Konigsberg ; et la ligne de Paris à Vienne et l'Orient, par Strasbourg et Munich.

Deux autres grandes lignes font communiquer l'Europe septentrionale avec l'Europe méridionale : la ligne d'Ostende à Milan, par Cologne et Bâle, et la ligne de Hambourg, ou de Stettin, à Vienne, par Berlin et Dresde.

Avant la Grande Guerre, l'Allemagne avait conquis le second rang dans le monde pour sa **flotte marchande**, mais, pour compenser les destructions résultant de sa guerre sous-marine, elle a dû céder une bonne partie de ses navires de commerce, ce qui la place actuellement au 8e rang pour le tonnage de sa flotte marchande.

Ses **grands ports** étaient *Hambourg*, qui faisait à lui seul la moitié du commerce maritime de l'Allemagne, puis venaient *Brême*, *Stettin*, *Rostock*, *Lubeck*, *Konigsberg* et *Kiel*.

5. Commerce. — Le **commerce intérieur** a été favorisé par la suppression des douanes intérieures. Le *Zollverein*, ou Union douanière, existe entre tous les États allemands.

Le **commerce extérieur** de l'Allemagne n'était dépassé, avant la Grande Guerre, que par celui de l'Angleterre. Il comprenait l'*importation* de denrées alimentaires et de matières premières nécessaires à son industrie (coton, laine et soie) et l'*exportation* de produits manufacturés (tissus et machines), et de matières premières (houille et fer).

Ce commerce s'exerçait surtout avec l'Angleterre et les États-Unis ; aujourd'hui il se tourne principalement vers l'Europe Centrale et la Russie.

DEVOIR ÉCRIT. — 1. *Exercice 18 du Cahier de Croquis.* — 2. *Parlez de l'Allemagne industrielle.*

3. — **Cologne** est un port fluvial sur le Rhin, qu'on traverse sur deux ponts métalliques de 400 m. de long. Sa cathédrale, le *Dom*, commencée en 1218, et achevée seulement en 1880, est une des plus belles et la plus grande des églises ogivales. Parmi les productions industrielles de la ville, celle qui jouit de la plus grande renommée, est sans contredit l'*eau de Cologne*, si employée en parfumerie.

18e Leçon. — LA SUISSE PHYSIQUE

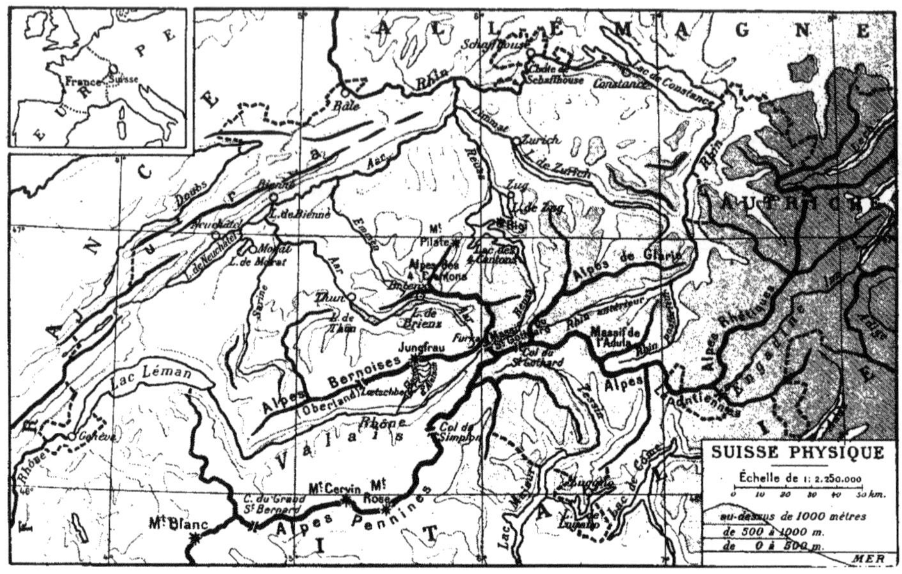

1. Situation et étendue. — La Suisse occupe le centre de l'Europe, entre la France, l'Italie, l'Autriche et l'Allemagne. Sa superficie égale 1 /13 de celle de la France.

2. Relief. — La Suisse est une contrée essentiellement montagneuse. Elle comprend trois régions naturelles : les *Alpes*, le *Jura* et le *Plateau*.

Les Alpes centrales couvrent les 6 /10 de la Suisse. Du Massif du Saint-Gothard partent cinq vallées qui les divisent en autant de groupes principaux.

Les *Alpes Pennines* ou du *Valais*, au Sud-Ouest, entre les Hautes Vallées du Tessin et du Rhône, portent le Mont Rose et le Mont Cervin (le Matterhorn, en allemand) ; elles sont coupées par les Cols du Simplon et du Grand Saint-Bernard.

Les *Alpes Bernoises* ou *Oberland* (*Voir 1re et 7e images*), à l'Ouest, entre le Rhône et l'Aar, sont dominées par la Jungfrau (*pron. ioung-fraou*), possèdent l'Aletsch, le plus grand glacier de l'Europe, et sont coupées par le Col de Lœtschberg.

Les *Alpes des Quatre Cantons*, au Nord, entre l'Aar et la Reuss, ont des sommets remarquables comme le Pilate et le Rigi. (*Voir 2e image.*)

Les *Alpes de Glaris*, au Nord-Est, entre la Reuss et

1. — **Berne** s'élève sur les bords escarpés de l'*Aar* que relient des ponts très élevés. Les *Alpes Bernoises*, avec la *Jungfrau* à droite du petit clocher, ferment l'horizon.

2. — **Lucerne** occupe les deux rives de la *Reuss* à sa sortie du *Lac des Quatre Cantons*, entre le *Rigi* et le *Pilate* qu'on voit ici au dernier plan.

3. — **Zurich** est bâtie dans un cirque de montagnes sur les rives de la *Limmat*, à sa sortie du *Lac de Zurich*. La ville a de nombreuses industries.

Phot. Étab. Lévy et Neurdein réunis.

4. — **Le Léman**, Montreux et le Château de Chillon ; la plaine alluviale du Rhône avant son entrée dans le Lac, et la Dent du Midi, tout à l'horizon.

Phot. Champagne.

5. — **Les chutes du Rhin** à Schaffhouse ont une vingtaine de mètres de hauteur ; elles fournissent à la ville la lumière et la force motrice.

le Rhin, sont formées de calcaires déchiquetés d'un aspect des plus sauvages. (*Voir 8e image.*)

Les ***Alpes Lépontiennes***, au Sud-Est, entre le Rhin et le Tessin, projettent vers l'Est le Massif de l'Adula qui sépare le Rhin antérieur du Rhin postérieur, et se prolongent par les Alpes Rhétiques entre le Rhin et l'Inn.

Le Jura n'occupe que 1 /10 de la Suisse, car, tandis que le versant français descend en pente douce, celui de la Suisse tombe brusquement. Il s'étend de Genève, sur le Rhône, à Bâle, sur le Rhin.

Le Plateau Suisse occupe les 3 /10 du pays. Il s'incline doucement des Alpes au Jura, et du Lac de Genève à celui de Constance. Son sol est formé de dépôts glaciaires dont témoignent de nombreux blocs erratiques.

3. Le climat de la Suisse est aussi varié que le relief. Il présente les plus *grands écarts*, depuis la douceur méditerranéenne du bord des Lacs Majeur et de Genève jusqu'aux froids polaires des hauts sommets.

Les *précipitations aqueuses* sont abondantes comme dans toutes les régions élevées, et elles augmentent avec l'altitude. Une bonne partie tombe en *neige* qui se transforme en *glaciers*.

4. Hydrographie. — La plupart des cours d'eau de la Suisse ont leur crue au printemps et en été, parce qu'ils sont alimentés par les neiges et les glaciers. Comme ils descendent de hautes altitudes, ils roulent des eaux rapides et limoneuses qui se calment et s'épurent dans les lacs de bordure. Par suite de leur rapidité, ils ne sont pas navigables, mais ils sont très employés pour la production de l'énergie électrique. Presque tous descendent du Massif du Saint-Gothard.

Le Rhône commence au Glacier de la Furka dans le Massif du Saint-Gothard. Il traverse le Valais (*Voir 6e image*), entre les Alpes Pennines et Bernoises qui lui envoient les eaux de la moitié des glaciers de la Suisse. Il forme le *Léman*, le plus beau lac du monde, où, après s'être calmé et épuré, il entre en France. (*Voir 4e image.*)

Le **Tessin** forme le *Lac Majeur*, qui reçoit les eaux du *Lac de Lugano*, et se jette dans le Pô.

L'**Inn** traverse la belle Vallée de l'Engadine et porte ses eaux au Danube.

Le **Rhin**, par lui-même ou par ses affluents, draine la plus grande partie de la Suisse. Il est formé, à l'origine, de deux torrents, le *Rhin antérieur* qui descend du Saint-Gothard, et le *Rhin postérieur* qui vient de l'Adula. Il forme le *Lac de Constance*, coule vers l'Ouest par des étranglements et des rapides (Chutes de Schaffhouse, (*Voir*, 5e *image*), et reçoit l'*Aar* qui fait plus que doubler son volume.

L'**Aar** reçoit toutes les eaux du Plateau Suisse. Il vient du Saint-Gothard, sert de déversoir aux *Lacs de Brienz* et de *Thun*, se grossit de la *Sarine* et de l'*Emmen*, et, par divers affluents, reçoit les eaux des *Lacs de Bienne*, de *Neuchâtel* et de *Morat ;* la *Reuss* lui amène les eaux des *Lacs des Quatre Cantons* et de *Zug*, et la *Limmat*, celles du *Lac de Zurich*. (*Voir* 1re, 2e, 3e, 7e et 8e *images.*)

DEVOIR ÉCRIT. — 1. *Exercice 19 du Cahier de Croquis.* — 2. *Nommez les montagnes et les cours d'eau qui rayonnent du Saint-Gothard.*

Phot. Champagne

6. — **Sion**, la capitale du *Valais*, s'élève, au centre de la *Vallée du Rhône supérieur*, sur des collines rocheuses couronnées de tours et de chapelles, qui lui donnent un aspect des plus pittoresques. Par sa disposition, elle rappelle le Puy-en-Velay, mais n'a pas sa beauté.

Phot. Champagne.

7. — **Interlaken** (*Entre les lacs*) se trouve sur l'*Aar* entre les *Lacs de Thun* et de *Brienz*. La *Jungfrau* qui barre ici l'horizon de sa cime neigeuse, s'élevant à 4.167 m., peut être facilement gravie à l'aide d'une voie ferrée qui atteint presque le sommet.

Phot. Étab. Lévy et Neurdein réunis.

8. — **Fluelen** est la plus importante des stations de l'extrémité méridionale du *Lac des Quatre Cantons ;* elle s'étale au bord de la plaine alluviale formée par la *Reuss*. Le Bristenstock qui élève sa cime de 3.075 m. de hauteur, à 20 km. de là, appartient aux *Alpes de Glaris*.

19e Leçon. — LA SUISSE POLITIQUE ET ÉCONOMIQUE

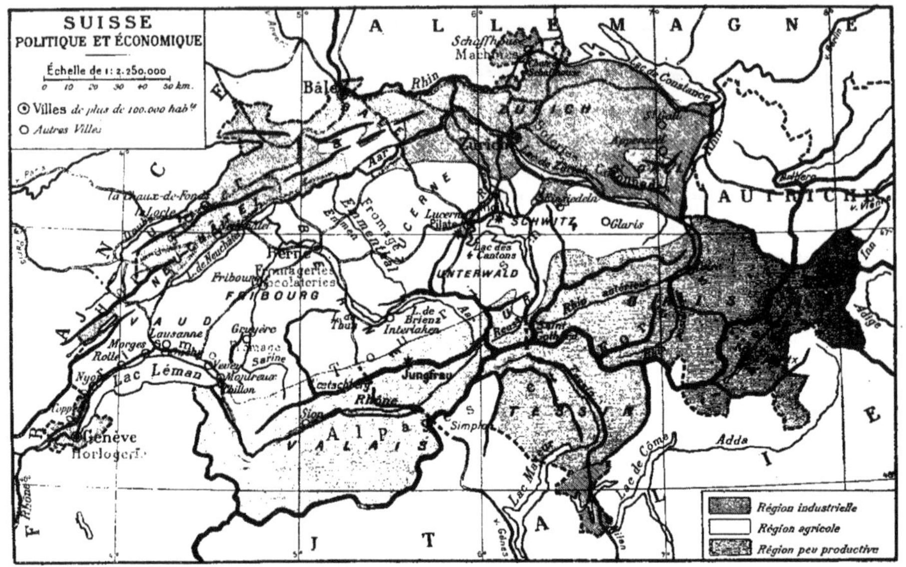

1. Population. — La Suisse est peuplée de près de 4 millions d'habitants (95 au km²). Cette *densité* est considérable puisque le quart du pays est inhabité. L'*accroissement* de la population est dû à l'excédent des naissances ; et il est assez fort pour doubler la population en un siècle.

Les anciennes races, qui ont formé la population de la Suisse, s'identifient par la langue. Les **Helvètes** et les **Rhètes** assujettis aux Romains en adoptèrent la langue devenue le français, à l'Ouest, chez les Helvètes, et le romanche, au Sud-Est, dans l'Engadine, chez les Rhètes. Au moyen âge, les **Germains** immigrèrent au Nord, et plus tard les **Italiens** remontèrent la Vallée du Tessin. Ainsi, quatre peuples, distingués surtout par la langue, se partagent la Suisse : 70 % parlent l'*allemand ;* 22 %, le *français ;* 7 %, l'*italien ;* 1 %, le *romanche.*

Au point de vue **religieux,** les Suisses se partagent en *Catholiques* (les 2/5), dans les cantons du Centre et du Sud, et en *Protestants* de confessions diverses (les 3/5), dans les cantons du Nord-Ouest, principalement. Les cantons du Nord-Est sont mixtes.

Malgré la diversité de races, de langues et de religions, les Suisses sont très unis et tiennent passionnément à leur individualité nationale.

2. Gouvernement. — La Suisse est une république fédérale composée de 25 cantons ou États autonomes, disposant chacun des trois pouvoirs : législatif, exécutif et judiciaire.

Sont seules soumises au Gouvernement fédéral : les relations extérieures, l'armée, les douanes, les postes et télégraphes, et la législation commerciale.

Le *Gouvernement fédéral* comprend trois pouvoirs :

1° **L'Assemblée fédérale** forme le pouvoir législatif ; elle est divisée en deux corps distincts : le *Conseil national* et le *Conseil des Etats* qui siègent à Berne ;

2° **Le Conseil fédéral,** composé de sept membres, exerce, avec le *Président de la Confédération,* élu pour un an, le pouvoir exécutif ; il siège à Berne ;

3° **Le Tribunal fédéral,** élu par l'Assemblée fédérale, est composé de 24 membres et siège à Lausanne ; il exerce le pouvoir judiciaire.

De plus, à la demande de 50.000 citoyens, ou de 8 cantons, toute loi votée par l'Assemblée fédérale peut être soumise à un *referendum,* c'est-à-dire à un vote direct de la population.

3. Divisions et Villes. — Les cantons suisses sont généralement circonscrits à des vallées, et ils rayonnent comme elles du Massif du Saint-Gothard. On peut les diviser en quatre groupes :

1° Au Nord-Ouest, dans le Bassin de l'Aar, sur le Plateau suisse, se trouvent les cantons de *Berne,* de *Fribourg,* de *Neuchâtel,* de *Vaud* et de *Genève.*

Berne (105.000 h.), sur l'Aar, est la capitale fédérale. (*Voir p.* 40, 1re *image.*)

Interlaken (2.000 h.) doit son nom à sa situation *entre les Lacs* de Brienz et de Thun ; ce n'est qu'une longue avenue d'hôtels où se pressent, chaque année, des milliers de touristes qui, de là, vont gravir la *Jungfrau.* (*Voir p.* 41, 7e *image.*)

Fribourg (21.000 h.) possède une célèbre université catholique et fait le commerce de fromages de Gruyère.

Neuchâtel (23.000 h.) sur le lac de même nom, se livre à l'industrie de l'horlogerie ainsi que les autres villes de cette région du Jura, la *Chaux-de-Fonds* (38.000 h.) et le *Locle,* entre autres.

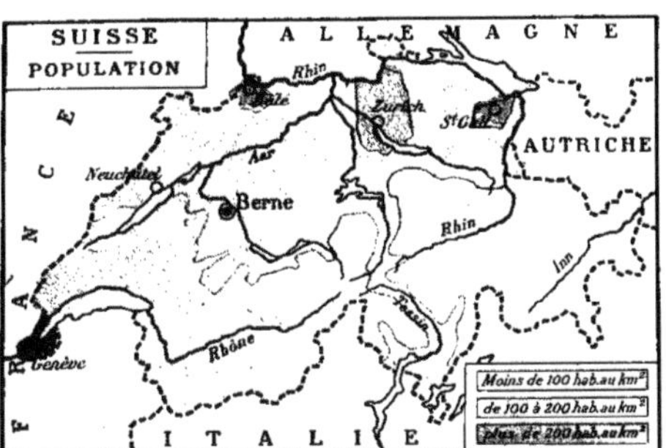

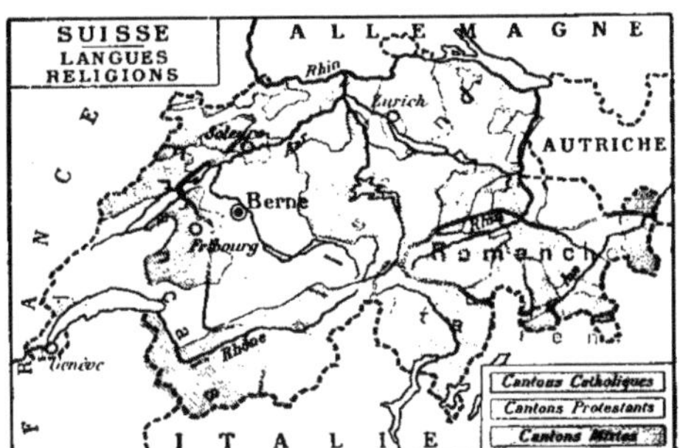

Lausanne (69.000 h.), chef-lieu du canton de Vaud, est le siège du Tribunal fédéral.

Genève (135.000 h.), au débouché du Lac Léman, est un grand centre d'excursions, non seulement pour le Jura et les Alpes, mais surtout pour les charmantes petites villes qui s'échelonnent tout le long des rives de son lac : *Coppet, Nyon, Rolle, Morges, Ouchy, Vevey, Montreux* et *Chillon*. (*Voir p.* 41, 4e *image*.)

2° Au Sud-Ouest, le *Canton du Valais* occupe la vallée du Rhône supérieur et a pour capitale la pittoresque ville de *Sion* (7.000 h.). (*Voir p.* 41, 6e *image*.)

3° Au Sud-Est, le *Canton du Tessin*, dans la vallée de même nom, est peuplé de Suisses de langue italienne, et le *Canton des Grisons*, dans les Vallées de l'Inn (ou de l'Engadine) et du Rhin, forme la Suisse romanche.

4° Au Centre et au Nord-Est se trouve la Suisse de langue allemande. Les cantons sont peu étendus, mais ce sont les plus industriels et les plus peuplés.

Les *Cantons de Schwitz* (d'où vient le nom de Suisse), *d'Uri, d'Unterwald* et de *Lucerne* entourent le Lac des Quatre Cantons. Les trois premiers formèrent le noyau de la Confédération Helvétique.

Einsiedeln, dans le canton de Schwitz, possède le fameux pèlerinage de Notre-Dame des Ermites.

Lucerne (44.000 h.), à la sortie du Lac des Quatre Cantons, entre le Pilate et le Rigi, doit toute son importance au tourisme. (*Voir p.* 40, 2e *image*.)

Zurich (207.000 h.), au débouché du lac de même nom, est une ville industrielle et commerçante, et la plus peuplée de la Confédération. (*Voir p.* 40, 3e *image*.)

Saint-Gall (70.000 h.) doit son origine à une puissante abbaye du moyen âge.

Schaffhouse (20.000 h.) emprunte à la chute voisine du Rhin, à laquelle elle donne son nom, la force motrice nécessaire à son industrie textile. (*Voir p.* 41, 6e *image*.)

Bâle (136.000 h.), sur le Rhin, est un grand entrepôt de commerce entre la Suisse, la France et l'Allemagne.

4. **L'Agriculture** tire parti de plus des 3/4 du sol. Les **forêts** en occupent 1/5 ; les **cultures,** 1/5 ; mais le blé, les pommes de terre, les cultures maraîchères et les arbres fruitiers, qui couvrent le plateau et les vallées inférieures, sont loin de suffire à la consommation.

L'élevage est la grande ressource de la Suisse. Le tiers du sol est en prairies ou en alpages, pâturages de montagne qui nourrissent près de 2 millions de vaches dont le lait sert à fabriquer les *fromages de Gruyère et d'Emmenthal* (vallée de l'Emmen), ou bien se consomme soit frais, soit condensé.

5. **L'Industrie** s'est longtemps bornée à l'horlogerie, car la Suisse est pauvre en minerais. La houille blanche, que lui fournissent de nombreuses et puissantes chutes d'eau, a remplacé la houille noire, trop difficile à faire venir. Pour éviter les frais de transport, toujours élevés en chemin de fer, elle travaille surtout les matières qui ont une grande valeur sous un faible poids. C'est ainsi qu'à l'industrie de l'horlogerie dans le Jura et à Genève, elle ajoute les industries textiles du coton et de la soie, répandues surtout au Nord-Est dans les cantons de Zurich et de Saint-Gall.

Dans les régions d'élevage se trouvent les industries alimentaires : fromageries, chocolateries.

Enfin, les incomparables beautés naturelles de la Suisse donnent lieu à l'*industrie hôtelière* pour les nombreux touristes qui la visitent.

6. **Les voies de communication** se composent surtout des voies ferrées, car la navigation n'est possible que sur les lacs : les routes sont nombreuses et bien entretenues, mais elles sont pénibles et souffrent de la concurrence des chemins de fer.

La Suisse est un grand pays de transit ; on l'a appelée « la plaque tournante des chemins de fer de l'Europe ».

Ses lignes principales suivent deux directions générales : celles de l'Ouest à l'Est unissent la France à l'Autriche par Bâle et Zurich. Celles du Sud au Nord font communiquer l'Italie avec la France par le Tunnel du Simplon et le Léman, ou par le Tunnel de Lœtschberg et Berne, avec l'Allemagne par le Tunnel du Saint-Gothard.

Les chemins de fer de montagne, qui permettent des ascensions rapides, économiques et peu fatigantes, sont très nombreux ; le plus ancien est celui du Rigi ; le plus élevé, celui de la Jungfrau (4.116 m.)

7. **Le commerce** de la Suisse est très élevé proportionnellement au nombre d'habitants.

Il **importe** des *denrées alimentaires* (céréales et denrées coloniales) et des *matières premières* nécessaires à son industrie (soie et coton).

Il **exporte** des *soieries* et des *cotonnades*, de l'*horlogerie*, des *fromages* et du *lait*.

C'est l'Allemagne qui est son premier client, puis viennent la France, l'Italie, la Grande-Bretagne et les États-Unis.

DEVOIR ÉCRIT. — 1. *Exercice 20 du Cahier de Croquis.* — 2. *Indiquez l'importance des voies de communication internationales à travers la Suisse, et nommez les principales.*

20e Leçon. — L'AUTRICHE

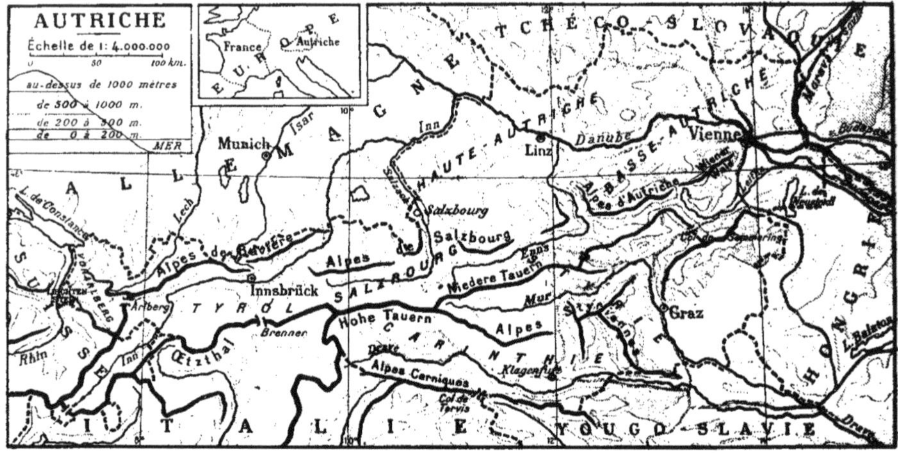

1. Étendue et relief. — **L'Autriche est un petit État** continental dont l'étendue égale le septième de celle de la France.

C'est un *pays alpin*, sauf au Nord-Est, où coule le Danube, dans une *vallée alluviale*.

Les **Alpes orientales** couvrent les 3/4 de l'Autriche ; elles comprennent trois zones divergentes de constitution différente.

Les **Alpes septentrionales** sont formées de roches calcaires, déchiquetées par l'érosion, et coupées de vallées fertiles. D'Ouest en Est, on les appelle ***Alpes du Vorarlberg et de Bavière***, séparées par le ***Col de l'Arlberg***, ***Alpes de Salzbourg***, et ***Alpes d'Autriche***, terminées en face de Vienne sous le nom de ***Wiener Wald***. (***Voir 4e fig.***)

Les **Alpes médianes** sont séparées des Alpes septentrionales par les vallées supérieures de l'Inn, de la Salzach et de l'Enns. Ce sont des massifs cristallins : l'***Œtzthal*** et le ***Hohe Tauern***, séparés par le ***Col du Brenner***; le ***Niedere Tauern*** et les ***Alpes Styriennes***, **séparés par la Vallée de la Mur** ; celle-ci communique avec la **Vallée de la Leitha** par le ***Col de Semmering***. (***Voir 1re image.***)

Les Alpes méridionales sont calcaires comme les **Alpes du Nord**. Elles sont séparées des **Alpes médianes par la Vallée de la Drave** qui communique avec les **vallées italiennes** par le ***Col de Tarvis***. De cette chaîne, l'Autriche ne possède que le versant nord des ***Alpes Carniques***.

La plaine alluviale d'Autriche, que draine le **Danube**, est constituée par deux bassins principaux : celui de Linz (*Voir 2e image*) et celui de Vienne, **le plus étendu**.

1. — **Le chemin de fer de Semmering** relie Vienne à Graz. En traversant les Alpes Styriennes, au milieu de rochers et de gorges sauvages, il passe par 16 longs tunnels et par de nombreux viaducs hauts parfois de 50 mètres au-dessus des torrents.

2. Climat et cours d'eau. — **Le climat des plaines autrichiennes** est semi-continental. Les moyennes de janvier et de juillet sont de — 1° et 20° ; **les pluies** (60 cm.) tombent en toute saison, surtout au printemps et en été.

Le climat de la région montagneuse est généralement rude, et il varie avec l'altitude et l'exposition. Les versants exposés aux vents humides de l'Ouest, reçoivent jusqu'à deux mètres d'eau, tandis que les versants opposés en ont très peu.

A l'exception du Vorarlberg, dont les eaux vont au Rhin, l'Autriche est drainée par le **Danube et ses affluents** : le *Lech*, l'*Inn* grossi de la *Salzach*, l'*Enns*, la *Leitha*, la *Drave* grossie de la *Mur*, et la *Morava* ou *March* qui donne son nom au Marchfeld, c'est-à-dire à la plaine située entre elle et le fleuve. Tous ces cours d'eau à pente rapide ont des crues au printemps et en été, à la fonte des neiges et des glaciers.

3. Population. — L'Autriche compte près de **7 millions** d'habitants (79 au km²), de *langue allemande* et de *religion catholique*. Cette population se concentre surtout dans Vienne et ses environs, et dans les vallées bien exposées : le long du Danube (***Basse et Haute-Autriche***), dans les vallées supérieures de l'Enns et de **la Mur** (*Styrie*), dans la vallée supérieure de la Drave (***Carinthie***), dans la Vallée de la Salzach (***Pays de Salzbourg***), dans la vallée moyenne de l'Inn (*Tyrol*), et dans les vallées du

Phot. Champagne.

2. — Linz s'étale sur la rive droite du Danube, dans une petite plaine très fertile. C'est une ville ancienne et commerçante ; elle est entourée de faubourgs industriels qui ont des chantiers de constructions fluviales et de nombreuses brasseries.

Phot. Champagne.

3. — Graz, la capitale de la Styrie, est bâtie dans la vallée de la Mur, à son débouché des montagnes. Elle est dominée par une colline boisée qui porte les restes de l'antique citadelle. Trois ponts l'unissent à la rive droite.

Vorarlberg tournées vers le Rhin. C'est là que se trouve la minuscule principauté de *Liechtenstein* peuplée de 11.000 habitants.

4. Gouvernement et Villes. — L'Autriche eut pour origine une *marche* ou frontière établie par Charlemagne contre les païens de l'Est. Elle devint, dans la suite, l'Empire de l'Est (*Œsterreich*) et lutta constamment contre ses voisins pour s'annexer leurs territoires. Mais ses possessions manquaient d'unité, non seulement physique et économique, mais surtout ethnographique ; aussi, le principe des nationalités ayant prévalu à la suite de la Grande Guerre, les peuples qu'elle englobait dans son empire se sont séparés d'elle.

Elle forme aujourd'hui une *république unitaire*.

Vienne (1.870.000 h.), la capitale, sur le Danube, et au croisement de nombreuses voies ferrées, s'adonne à toutes sortes d'industries, surtout à celles de luxe. (*Voir 1e figure et p. 77, 6e image.*)

Graz (158.000 h.) dans la Styrie, sur la Mur, est une grande ville métallurgique, grâce aux mines de houille et de fer des environs. (*Voir 3e image.*)

Linz (102.000 h.), sur le Danube, dans la Haute Autriche, est au centre d'un bassin très fertile. (*Voir 2e image.*)

Salzbourg (38.000 h.) occupe un site pittoresque dans une région de mines de sel.

Innsbruck (57.000 h.), sur l'Inn, dans le Tyrol, exploite ses mines de sel.

Klagenfurt (30.000 h.), en Carinthie, dans un petit bassin au Nord de la Drave, a des industries métallurgiques.

5. L'Agriculture varie avec les régions.

Les *vallées et les plaines* produisent des céréales (blé, seigle, orge et avoine), des betteraves à sucre et des pommes de terre.

Les *régions alpestres* portent de magnifiques forêts de chênes, de hêtres et de conifères, et des alpages, ou pâturages d'été, qui nourrissent de bonnes vaches laitières. Le Tyrol et la Styrie sont renommés pour leur gibier.

6. Les Industries *agricoles* (minoteries et brasseries, tanneries et pelleteries) sont concentrées autour de Vienne, où l'on travaille aussi la *laine*, le *coton*, le *lin* et la *soie* importés de l'étranger.

La *houille* et le *fer* de la Styrie ont favorisé le développement des *industries métallurgiques* à Graz et à Klagenfurt.

La Carinthie possède des *mines de plomb*, les plus riches de l'Europe.

Le Pays de Salzbourg et le Tyrol exploitent leurs *mines de sel* et sont des régions de *tourisme*.

7. Voies de communication. — L'Autriche ne possède qu'une seule *voie navigable* importante, maintenant internationalisée, le Danube, avec les deux ports de Linz et de Vienne.

Ses *voies ferrées* en font un pays de transit, entre l'Ouest et l'Est, le Nord et le Sud :

1° De France en Hongrie et les Balkans : soit par la Bavière, Salzbourg, Linz et Vienne, soit par la Suisse, l'Arlberg, Innsbruck et Vienne.

2° De l'Allemagne en Italie : soit par Munich, Innsbruck et le Brenner, soit par la Tchéco-Slovaquie, Vienne, le Col de Semmering (*Voir 1re image*), Graz et la Yougo-Slavie.

8. Commerce. — L'Autriche est plus industrielle qu'agricole. Aussi elle **importe** de la *laine*, du *coton*, du *lin* et de la *soie* pour ses industries textiles, des *céréales*, de la *houille* et du *pétrole*. Elle **exporte** du *bois*, des *tissus* et des *articles de Vienne*.

DEVOIR ÉCRIT. — 1. *Exercice 21 du Cahier de Croquis.* — 2. *Indiquez les principaux pays de l'Autriche, les vallées qui les forment et les villes qu'ils renferment.*

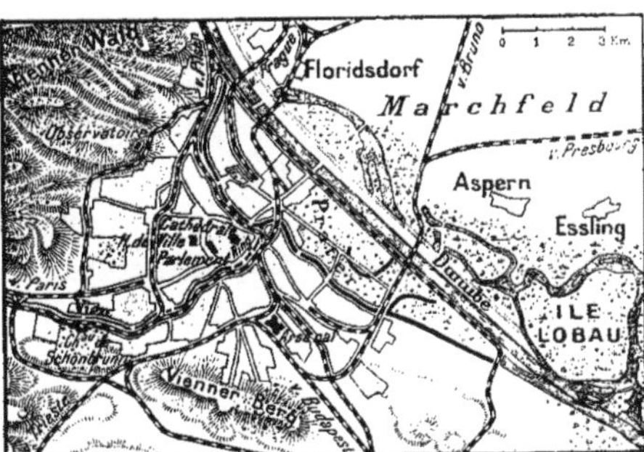

4. — Plan de Vienne et de ses environs.

21e Leçon. — LA HONGRIE

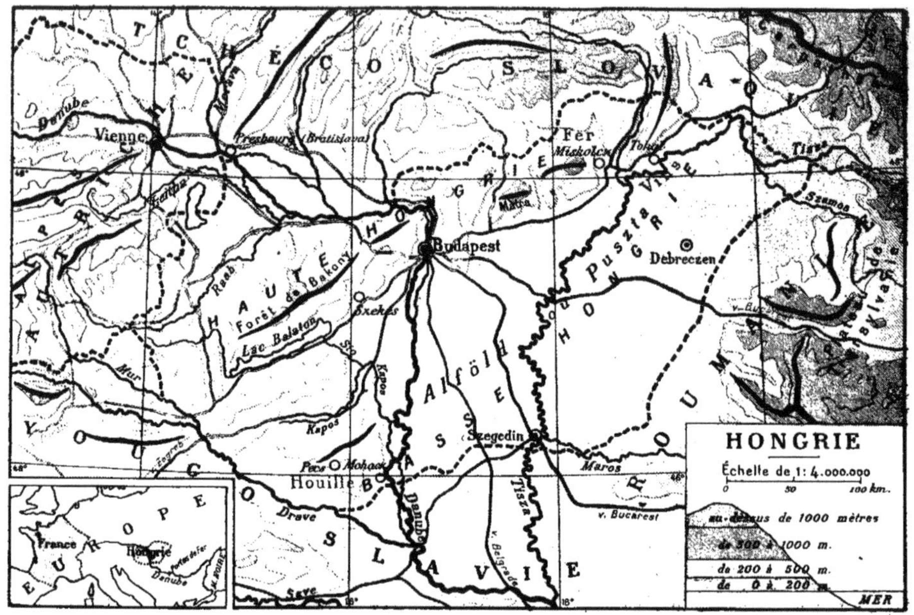

1. Étendue et relief. — La Hongrie est un État continental, dont l'*étendue* égale le sixième de celle de la France.

C'est une *immense plaine* qui s'étend entre les derniers contreforts des Alpes, des Carpathes et du Plateau de Transylvanie. Un dos de terrain, la *Forêt de Bakony* et le *Matra*, que sépare le Danube au point où il tourne brusquement au Sud, la divise en *Haute Hongrie*, très peu étendue, et en *Basse Hongrie*, vaste plaine appelée *Alföld* ou *Puszta*. (*Voir 1re image.*)

La *Plaine hongroise* est le fond d'un ancien lac, aussi son horizontalité est presque parfaite. Son sol est formé, soit de sables stériles, soit, surtout, de limons fertiles reposant sur un sous-sol imperméable.

1. — **La Plaine hongroise** est désignée dans le pays par le mot Alföld (Pays bas) ; dans l'Europe occidentale elle est connue sous le nom de Puszta (pron. pousta), mot slave qui signifie désert, solitude. La Puszta était jadis une steppe aux grandes herbes parsemées de bouquets d'arbres ; aujourd'hui, elle est partiellement cultivée ou transformée en prairie d'élevage pour des chevaux et surtout pour des bœufs aux longues cornes. Remarquez à côté de la ferme, le puits à bascule qui fournit l'eau nécessaire.

2. Climat et cours d'eau. — Soustraite par les montagnes qui l'entourent à l'influence maritime, la plaine hongroise a un *climat excessif*. Les variations de température sont brusques et les pluies faibles (50 cm.). Par suite de la nature du sol et du climat, la steppe herbeuse s'étend à perte de vue sur tous les espaces que l'homme ne travaille pas.

Le **Danube moyen** recueille toutes les eaux de la Hongrie. Il reçoit, à droite, le *Raab*, le *Kapos* grossi du *Sio* qui lui amène les eaux du *Lac Balaton*, et la *Drave* grossie de la *Mur* qui viennent des Alpes ; à gauche, la *Tisza* qui descend des Carpathes, coule longtemps parallèlement au Danube et se grossit du *Szamos* et du *Maros* qui traversent le Plateau de Transylvanie.

Ces cours d'eau ont des crues régulières au printemps, à la fonte des neiges, et irrégulières en été, à la suite des fortes pluies d'orage ; leurs basses eaux ont lieu en hiver.

A travers l'Alföld, le Danube et la Tisza ont une pente insignifiante ; aussi décrivent-ils de nombreux méandres.

3. Population et villes. — La Hongrie s'est détachée de

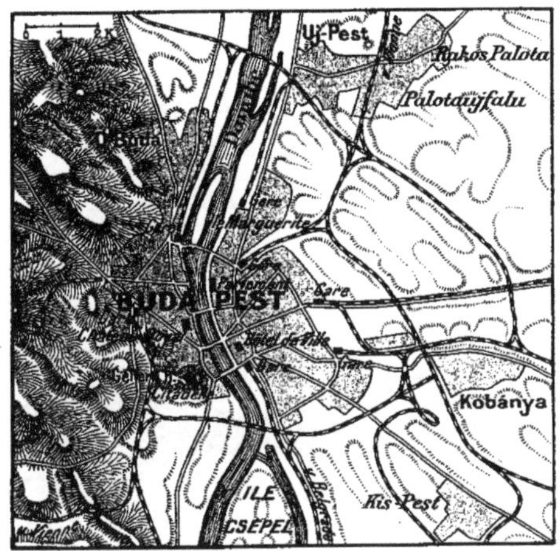

Phot. du Vérascope Richard.

2. — **Plan et vue de Budapest.**

Budapest est une ville double séparée par le Danube. *Buda*, la ville haute et ancienne, s'élève sur une colline bordant la rive droite du Danube ; elle est irrégulièrement bâtie autour de la forteresse et de l'ancien château royal que représente l'image, à gauche.

***Pest*, la ville basse et moderne, s'étale dans la plaine de la rive gauche ou orientale. Elle possède le Parlement, vaste édifice à coupole, que l'on remarque à droite de l'image. Les deux villes sont réunies par quatre ponts métalliques de 400 mètres de longueur.**

l'Autriche à la suite de la Grande Guerre. C'est une ***République***. Elle compte 8 millions d'habitants (86 au km²) : des ***Hongrois*** ou ***Magyars*** de race jaune comme les Turcs. Ils parlent le ***hongrois*** et sont en majorité ***catholiques***.

Budapest (930.000 h.), la capitale de la République, est une ville double séparée par le Danube : Buda, la ville haute, à l'Ouest, possède la forteresse et l'ancien château royal ; Pest, la ville basse, s'étale à l'Est dans la plaine. C'est un centre d'industries agricoles et l'entrepôt de tout le pays. (*Voir 2e image.*)

Les autres villes hongroises ne sont que de gros bourgs agricoles. Les principales sont ***Szekes, Pecs*** et ***Mohacz*** à l'Ouest (*Voir 3e image*) ; ***Miskolcz, Tokaï, Debreczen*** et ***Szegedin*** à l'Est.

4. Agriculture. — La Hongrie est un pays essentiellement agricole.

Elle cultive des ***céréales*** (blé surtout, puis seigle, orge et maïs), des ***betteraves sucrières***, du ***tabac***, le ***mûrier*** pour l'élevage du ver à soie, des ***arbres fruitiers*** (pommiers, poiriers et pruniers) et la ***vigne*** (les vins de Tokaï sont réputés).

L'élevage des ***chevaux***, des ***bœufs*** de boucherie et des ***moutons***, se pratique en grand dans la steppe. Chaque ferme élève des ***porcs***, des ***oies***, et de la ***volaille*** qui fournit des millions d'œufs pour l'exportation.

5. Les Industries travaillent surtout les produits agricoles : ***minoteries*** et ***brasseries, sucreries*** et ***distilleries***. La Hongrie ne possède que le ***bassin houiller de Pecs*** et les ***mines de fer de Miskolcz*** où se concentre la ***métallurgie***.

Les ***briqueteries*** fournissent les matériaux de construction, car la pierre et le bois font défaut dans la plaine hongroise.

6. Voies de communication. — Comme en Autriche, le Danube internationalisé est la grande voie navigable.

Les voies ferrées rayonnent de Budapest, et font de la Hongrie un grand pays de transit. De la capitale partent les lignes de Vienne et de Presbourg ; de Berlin et de Lemberg ou Léopol ; de Bucarest par la Transylvanie, ou par Szegedin ; de Belgrade, de Zagreb et Trieste.

7. Commerce. — La Hongrie étant surtout agricole, exporte des ***denrées alimentaires*** (céréales, bétail et œufs). Elle importe des ***produits manufacturés*** (machines et tissus). C'est avec l'Autriche et la Tchéco-Slovaquie principalement, que se font les échanges.

DEVOIR ÉCRIT. — 1. *Exercice 22 du Cahier de Croquis.* — 2. *Pourquoi la Hongrie est-elle surtout agricole ?*

Phot. du Vérascope Richard.

3. — **Mohacz**, petite ville de la Hongrie méridionale, sur la rive occidentale du Danube. Sauf Budapest, toutes les autres villes hongroises se ressemblent plus ou moins, et rappellent, par leur disposition, les mœurs nomades des anciens habitants. Le centre est occupé par l'église et les bâtiments administratifs qui encadrent une vaste place. Les maisons s'alignent des deux côtés d'une longue rue non pavée, ou plutôt d'une route, souvent bordée d'arbres, s'étendant sur plusieurs kilomètres de long et servant aux marchés.

22e Leçon. — LA TCHÉCO-SLOVAQUIE

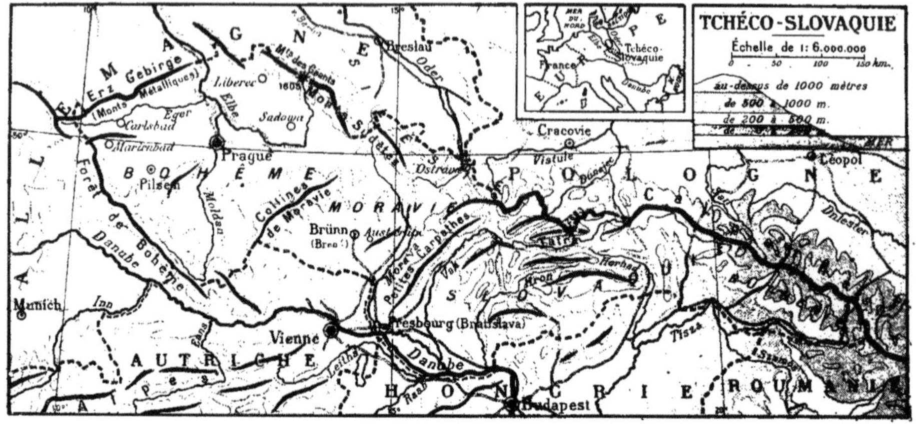

1. Situation et étendue. — La Tchéco-Slovaquie est un Etat continental, situé entre l'Autriche, la Hongrie et la Roumanie, au Sud ; la Pologne et l'Allemagne, au Nord et à l'Ouest.

Son *étendue* égale le quart de celle de la France.

2. Sol et relief. — Ce pays tout en longueur (950 km), comprend trois régions naturelles : le *Massif de Bohême*, la *Dépression de Moravie* et les *Carpathes occidentales ou Slovaques.*

1° La **Bohême** n'est plus que le socle d'un ancien plissement hercynien. L'érosion l'a creusé d'une dépression centrale entourée d'un quadrilatère de hauteurs.

A l'exception de la *Vallée de l'Elbe* qui est alluviale, toute la *dépression* est formée de roches cristallines recouvertes, par places, de laves volcaniques.

Le *quadrilatère* comprend la *Forêt de Bohême*, au Sud-Ouest ; l'*Erz Gebirge* ou *Monts Métalliques*, au Nord-Ouest ; les *Monts Sudètes* qui culminent, à 1.605 mètres, au *Mont des Géants*, au Nord-Est ; les *Collines de Moravie*, au Sud-Est.

2° La **Moravie** est une dépression fertile, bossuée de collines, qui sépare le Massif de Bohême de la chaîne des Carpathes.

3° La **Slovaquie** occupe le flanc méridional de la chaîne des *Carpathes*. Ces montagnes datent de l'époque tertiaire comme les Alpes qui leur font face de l'autre côté du Danube. Elles sont coupées de vallées profondes qui descendent vers la Plaine hongroise, et possèdent des massifs granitiques : le plus élevé, le *Tatra* (2.663 m.) n'a ni neiges persistantes, ni glaciers, mais il porte des forêts et des pâturages, et enserre de nombreux petits lacs.

3. Climat et hydrographie. — Le climat tchéco-slovaque est *semi-continental*, avec des variantes dues au relief.

Tandis que le centre de la Bohême et la Moravie ont de notables écarts de température allant de — 17° à 33°, et des pluies faibles (50 cm.), les régions élevées ont des étés courts, des hivers longs et froids, et de fortes précipitations.

A l'exception de l'**Oder** naissant qui traverse la Silésie tchéco-slovaque, tout le pays est drainé par l'*Elbe* et le *Danube*.

L'**Elbe** et ses affluents, la *Moldau* et l'*Eger*, recueillent toutes les eaux de la Bohême.

Le **Danube** forme la frontière centro-méridionale ; il reçoit la *Morava* qui draine la Moravie, et les rivières slovaques et ruthènes, comme la *Tisza*, torrents fougueux de montagne, qui ne se calment que dans la plaine hongroise. Tous ces cours d'eau sont en crue au printemps, au moment de la fonte des neiges et des fortes pluies tombées sur les hauteurs.

4. Population et Villes. — La Tchéco-Slovaquie compte 14 millions d'habitants (97 au km²), concentrés surtout dans les régions industrielles de Bohême, de Moravie et de Silésie. Cette population appartient en grande partie à la famille slave ; elle comprend : les *Tchèques* en Bohême, en Moravie et en Silésie, les *Slovaques* et les *Ruthènes*. Elle est en majorité de *langue tchèque* et de *religion catholique*.

La Tchéco-Slovaquie s'est détachée de l'Autriche à la suite de la Grande Guerre. Elle forme une *République ;* la *Ruthénie*, qui est autonome, en relève pour les affaires extérieures.

Prague (677.000 h.), sur la Moldau, en Bohême, est la capitale. C'est une vieille cité historique et un grand centre industriel. (*Voir 1re image.*)

Brünn ou **Brno** [1] (221.000 h.) en Moravie, et **Presbourg** ou **Bratislava** (100.000 h.) en Slovaquie, sur le Danube, sont des centres industriels. (*Voir 2e image.*)

Pilsen (90.000 h.) est célèbre par ses bières ; **Carlsbad** et **Marienbad**, par leurs eaux minérales ; **Sadowa**, par la victoire de la Prusse sur l'Autriche, en 1866 ; **Austerlitz**, par la victoire de Napoléon sur les Autrichiens et les Russes, en 1805.

5. Agriculture. — La Vallée de l'Elbe, la Dépression morave et les Plaines danubiennes, produisent beaucoup de *blé*, de *seigle*, d'*avoine*, d'*orge* et de *houblon*, de *betteraves à sucre* et de *pommes de terre*, de *lin* et de *tabac*.

---

(1) En langue tchèque, *l* et *r*, à l'intérieur d'un groupe de consonnes, sont des demi-voyelles devant lesquelles se prononce faiblement un *e* muet : *Brno* se prononce donc *B(e)rno*.

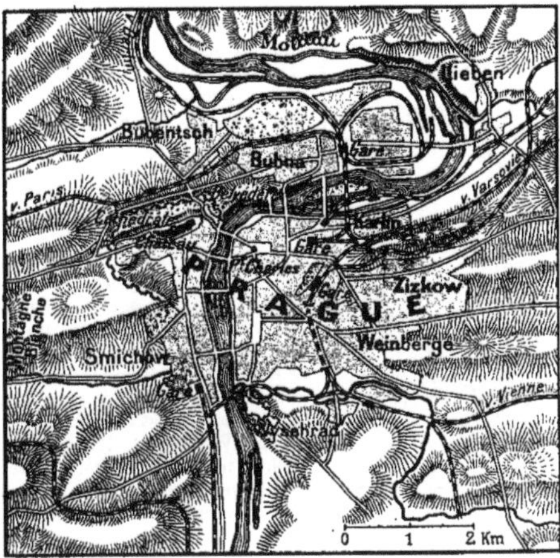

Phot. Étab. Lévy et Neurdein réunis.

1. — **Plan et vue de Prague.**

Prague occupe les deux rives de la Moldau que réunissent plusieurs ponts. Le plus curieux, le *Pont Charles* que représente l'image, date du XIVe siècle ; il est porté par 15 piles surmontées de 30 statues ou groupes de saints ; une tour finement sculptée, et autrefois fortifiée, s'élève à chaque extrémité. L'ancien *château royal*, qui couronne la colline de la rive gauche, fut témoin de la *Défénestration de Prague* qui préluda à la Guerre de Trente Ans. Au début, les protestants furent vaincus à la *Montagne Blanche* à l'ouest de Prague, mais, aidés par l'étranger (même par la France), ils vainquirent l'Empereur d'Autriche et l'obligèrent à signer les traités de Westphalie. **Prague** occupe une position géographique exceptionnelle, au centre de la Bohême et au croisement de toutes les routes naturelles qui s'ouvrent à travers le quadrilatère de montagnes qui bordent le pays ; les nombreuses voies ferrées, qui convergent vers ses gares, ont encore accru considérablement son importance naturelle.

Les hauteurs de la Bohême et de la Slovaquie sont couvertes de *forêts* et de *pâturages* où l'on élève des *chevaux* et des *bœufs*, des *moutons*, des *chèvres* et des *porcs*.

6. L'Industrie est surtout active en Bohême et en Moravie, pays à la fois agricoles et miniers.

Les *minoteries*, les *brasseries*, les *sucreries*, les *distilleries* d'alcool de pommes de terre, sont nombreuses dans les régions de culture de la matière première.

Les *industries textiles* qui travaillent le lin et la laine du pays, et le coton importé d'Amérique, sont florissantes à Liberec, en Bohême, et à Brno, en Moravie. Les *scieries*, les *papeteries*, les *fabriques d'allumettes*, de *jouets* et de *meubles* se sont développées dans les régions forestières.

Les richesses minérales abondent et sont activement exploitées.

La *houille* et le *fer* se trouvent dans les mêmes régions : en Bohême, en Moravie et en Silésie. Il y a du *pétrole* et des *mines de sel* en Slovaquie.

Les *usines métallurgiques* sont établies près des mines de houille et de fer : à Prague et à Pilsen, en Bohême ; à Brno, en Moravie, et à Ostrava, en Silésie.

La fabrication des *cristaux de Bohême* et des *céramiques de Pilsen* emploie le sable et le kaolin des régions granitiques.

7. Voies de communication. — Le *Danube*, l'*Elbe* et l'*Oder*, ayant été internationalisés, donnent à la Tchéco-Slovaquie des débouchés sur la Mer Noire, la Mer du Nord et la Baltique.

Tandis que la Tchéco-Slovaquie s'allonge de l'Ouest à l'Est, ses *grandes voies ferrées* se dirigent du Sud au Nord : de Vienne à Berlin par la Bohême ; de Presbourg à Breslau par la Moravie ; de Budapest à Cracovie par la Slovaquie, ou à Léopol par la Ruthénie.

8. Commerce. — La Tchéco-Slovaquie, étant plus industrielle qu'agricole, doit **importer** des *céréales* pour son alimentation ; de la *laine*, du *coton* et du *lin* pour ses industries textiles.

Elle **exporte** des *tissus*, du *bois*, du *verre* et du *sucre*.

DEVOIR ÉCRIT. — 1. *Exercice 23 du Cahier de Croquis.* — 2. *Décrivez la Bohême au point de vue physique et économique.*

Phot. Molteni.

2. — **Presbourg**, aujourd'hui **Bratislava**, sur le Danube, fut, jusqu'en 1784, la capitale de la Hongrie et le siège des grandes diètes nationales, dont la plus célèbre est celle où Marie-Thérèse obtint, dans la *Guerre de la Succession d'Autriche*, l'appui des nobles Hongrois qui, tirant leur épée, poussèrent leur cri enthousiaste : " *Mourons pour notre roi Marie-Thérèse !* " Le *Traité de Presbourg* fut signé, en 1805, après la bataille d'Austerlitz par Napoléon et l'Autriche. Sur une haute colline au bord du fleuve s'élève l'ancien château royal, aujourd'hui caserne.

23e Leçon. — LA POLOGNE

1. Situation et étendue. — La Pologne unit l'Europe centrale à l'Europe orientale. Elle a pour limites : la Baltique, la Prusse orientale, la Lithuanie et la Lettonie au Nord ; la Russie à l'Est ; la Roumanie et la Tchéco-Slovaquie au Sud ; l'Allemagne à l'Ouest.

Son *étendue* égale les 2/3 de celle de la France.

2. Sol et relief. — La Pologne, dont le nom signifie *Pays de plaines*, comprend une grande *Plaine centrale*, les *Croupes baltiques*, au Nord, et le *Versant septentrional des Carpathes*, au Sud.

1° **La Plaine centrale** est une région plate, limoneuse et fertile, à peine ondulée par d'anciennes vallées glaciaires largement ouvertes et peu profondes.

2° **Les Croupes baltiques**, d'origine glaciaire comme en Allemagne, ont un sol pauvre et marécageux parsemé de petits lacs.

3° **Le Versant septentrional des Carpathes** est formé, à l'Ouest, de la chaîne gréseuse des *Beskides* qui s'appuie au Massif granitique du *Tatra*, et à l'Est, des *Carpathes boisées* dont le grès marneux donne, en se décomposant, des terrains favorables aux forêts.

Au pied de ces chaînes s'étendent des plateaux formés de dépôts quaternaires. Ils sont parsemés d'amas morainiques et ravinés par l'érosion. **La Haute Vistule** les divise en deux parties : le ***Plateau de Pologne***, au Nord-Ouest, et le ***Plateau de Galicie***, au Sud-Est.

3. Climat et hydrographie. — Le climat de la Pologne est continental. Les extrêmes de température vont de 32° à —21° ; tous les hivers, les cours d'eau restent gelés trois ou quatre mois. Les pluies ou les neiges donnent 50 à 60 cm. d'eau dans les plaines ; 70 à 80 sur les plateaux, et plus d'un mètre sur les Carpathes.

La Vistule (1.070 km.), le fleuve national, donne au pays sa principale unité physique. Elle descend des Beskides et court à la Baltique en décrivant une grande S vers le Nord. Sa vallée, profonde et encaissée dans les plateaux, s'élargit dans la plaine centrale. Après avoir traversé les Croupes baltiques, elle se divise en deux bras ; celui de gauche se termine près de Danzig, et celui de droite, dans le Frisches Haff.

Ses *crues* ont lieu au printemps, au moment de la fonte des neiges ; elles sont dangereuses à cause de la débâcle qui commence au Sud, alors que le fleuve est encore pris au Nord. Gel et débâcle empêchent sa navigation pendant plus de quatre mois par an.

Ses principaux ***affluents*** sont le *San* qui vient du Plateau de Galicie, et la ***Pilica***, du Plateau de Pologne ; le *Boug*, grossi de la *Narev*, qui traverse de grands marais.

La Wartha, affluent de l'Oder, draine la Pologne occidentale, tandis que les eaux de la Pologne orientale sont recueillies par les cours supérieurs du *Niémen*, du ***Pripet*** et du *Dniester*.

4. Population. — La Pologne compte 28 millions d'habitants (71 au km²), plus pressés à l'Ouest dans les régions à la fois agricoles et industrielles, qu'à l'Est, dans les régions marécageuses et forestières. Cette population est en grande majorité de *famille slave*, de *langue polonaise* et de *religion catholique* ; les Juifs y sont nombreux, peut-être 3 ou 4 millions.

La Pologne formait, au XVIe siècle, un vaste royaume qui s'étendait de la Baltique à la Mer Noire. Mais sa constitution vraiment anarchique fit sa faiblesse et causa sa ruine. Aussi, deux fois de suite, en 1772 et 1793, les Etats voisins : la Russie, l'Autriche et la Prusse, se partagèrent ses provinces, et, en 1795, un dernier partage fit disparaître ce royaume. La Grande Guerre a réparé cette injustice, en redonnant à la Pologne sa place parmi les nations. L'Europe Centrale doit à la Pologne catholique de l'avoir préservée de l'extension du schisme grec et de l'invasion des Tartares, au XIIIe siècle ; des Turcs, au XVIIe, et des Bolcheviks, en 1920.

5. Gouvernement et villes. — La Pologne est une *République unitaire*. Le pouvoir législatif appartient à une assemblée élue par tous les citoyens majeurs des deux sexes.

Varsovie (950.000 h.) la capitale, sur la Vistule, a des sucreries et des brasseries. (*Voir 2e image.*)

Lodz (455.000 h.) est un grand centre d'industries textiles.

Léopol ou *Lemberg* (220.000 h.), en Galicie, est une cité industrielle et commerçante.

Vilna (215.000 h.) est l'ancienne capitale de la Lithuanie.

Cracovie (182.000 h.) sur la haute Vistule, fut l'ancienne capitale de la Pologne. (*Voir 1re figure.*)

Poznan ou *Posen* (170.000 h.) a des foires importantes.

Czestochowa (100.000 h.) possède un célèbre sanctuaire à Notre-Dame des Miracles, et des industries textiles.

6. L'agriculture est la grande ressource de la Pologne. Elle produit des *céréales* (blé, orge, seigle et avoine), des *pommes de terre* et des *betteraves à sucre*.

Phot. de " La France Illustrée ".

2. — **Varsovie** ne devint capitale de l'ancien royaume de Pologne qu'en 1569. Elle profita de son heureuse situation sur un grand fleuve navigable, au centre d'une plaine fertile, pour se développer. Elle est bâtie sur la rive gauche et occidentale de la Vistule qui, en cet endroit, domine le fleuve d'une trentaine de mètres, ce qui la met à l'abri de toute inondation, tandis que la rive droite, beaucoup plus basse, est souvent envahie par les eaux débordées. La ville a pour centre l'ancien château royal, qui sépare la ville ancienne, au Nord, de la ville nouvelle, au Sud.

Elle est reliée par trois ponts au faubourg de Praga, si tristement célèbre par les assauts des armées russes en 1794 et en 1831.

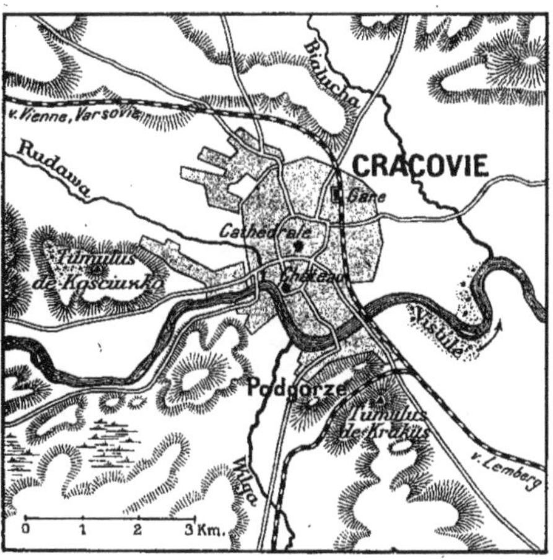

1. — **Cracovie** fut la capitale de la Pologne jusqu'en 1569, et resta la ville du couronnement jusqu'en 1764. Grâce à son université, fondée en 1361, elle fut une des métropoles intellectuelles de l'Europe, et, après les malheurs de la patrie, resta le centre intellectuel des Polonais. La ville a fort bel aspect, vue de loin, avec son vieux château, ses tours et ses clochers dispersés dans la verdure. L'ancien château est devenu caserne et les remparts ont été transformés en promenade. La cathédrale conserve les tombeaux des anciens rois de Pologne ainsi que celui de Kosciuzko, le héros national qui, après le second partage de la Pologne, en 1793, souleva son pays contre les Russes et les Prussiens. En 1823, toute la population de Cracovie travailla à lui ériger un tumulus sur une petite colline, à 3 km. à l'Ouest de la ville ; ce tertre de 35 mètres de haut, se termine par un bloc de granit qui porte ce seul mot : Kosciuzko. Le tumulus de Krakus fut élevée, jadis, en l'honneur du fondateur de Cracovie (Krakow, en polonais).

Les *forêts* couvrent les pentes des Carpathes et les régions marécageuses de l'Est.

L'élevage des *chevaux*, des *bêtes à cornes* et des *porcs*, est très actif.

7. Industrie. — Les **industries alimentaires** (*meunerie, brasserie, sucrerie*) et celles du *bois*, sont dispersées, comme l'agriculture qui leur fournit la matière première.

Les **richesses minérales** sont localisées au pied des Carpathes et du Massif de Bohême : la *houille* et le *fer*, en Silésie ; le *pétrole*, en Galicie orientale ; le *sel gemme*, autour de Cracovie, à Vieliczka surtout.

Les **industries métallurgiques** occupent les régions des mines de houille et de fer.

Les **industries textiles** (les plus importantes du pays) ont pour centre Lodz, Varsovie et Czestochowa.

8. Voies de communication. — La Pologne n'a pas de routes.

Ses **voies ferrées** créées par les Etats qui se partagèrent le pays, ne sont pas appropriées à ses besoins économiques. La *ligne internationale* de Berlin à Pétrograd passe par Poznan ; celle de Vienne à Pétrograd, par Varsovie ; celle de Berlin à Odessa, par Cracovie et Léopol. Il n'existe aucune ligne polonaise pour unir le pays à la Baltique.

La *Vistule* est la grande voie navigable de la Pologne ; des *canaux* l'unissent à l'Oder, par la Netze, au Niémen et au Dnieper par le Pripet.

Le port de Danzig peut être utilisé par la Pologne comme s'il était à elle.

DANZIG, port sur la Baltique, forme avec son territoire de 360.000 habitants, un Etat libre sous le contrôle de la Société des Nations. Il est englobé dans les limites douanières de la Pologne à qui le Traité de Versailles en a injustement refusé la propriété.

DEVOIR ÉCRIT. — 1. *Exercice 24 du Cahier de Croquis.* — 2. *Décrivez la Pologne au point de vue économique.*

24e Leçon. — L'EUROPE ORIENTALE PHYSIQUE RUSSIE, FINLANDE, ÉTATS BALTES

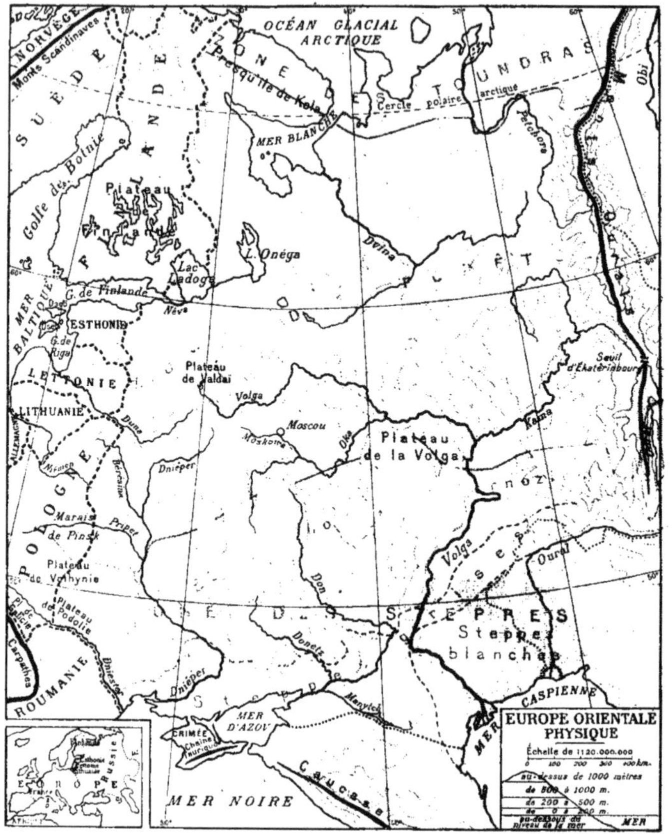

2° L'**Oural** est un ancien plissement hercynien.

Cette chaîne, de 2.400 km. de long, a peu de largeur et sa hauteur ne dépasse pas 1.700 mètres. Une route et une voie ferrée la franchissent au seuil d'Ékatérinbourg, à 460 m. d'altitude seulement.

3° Le **Caucase** est asiatique, mais il se prolonge en Crimée par la Chaîne Taurique qui atteint 1.560 mètres de hauteur.

4° Les **Plateaux de Podolie et de Volhynie** prolongent celui de Galicie qui s'adosse aux Carpathes.

5° Le **Plateau de Valdaï** (851 m.) est le centre de dispersion des eaux de la Russie ; **celui de la Volga** oblige le fleuve qui lui a donné son nom, à le contourner à l'Est.

6° Les **Plaines du Nord et du Centre** sont formées de dépôts glaciaires descendus de la Scandinavie. Ces dépôts de sable et d'argile sont parsemés de blocs erratiques souvent énormes. Le sous-sol de ces régions granitiques est imperméable ; aussi les eaux s'accumulent dans les dépressions et forment des lacs, comme en Finlande, ou des marécages comme dans le haut Pripet. Ces terrains conviennent aux *forêts*.

7° Les **Plaines centro-méridionales** proviennent d'un ancien fond de mer couvert de dépôts quaternaires, généralement sablonneux et légers, propres aux graminées lorsque l'humidité est suffisante. C'est la zone des *steppes*.

1. Limites et étendue. — L'**Europe orientale** a pour *limites occidentales :* la Suède, la Baltique, l'Allemagne, la Pologne et la Roumanie.

Son *étendue* égale la moitié de celle de l'Europe, ou neuf fois celle de la France.

2. Relief. — Cette immense contrée émergea, à une époque reculée, et n'a pas subi, depuis, de plissement ni de dislocation. L'érosion l'a transformée en une *grande plaine* qui s'appuie au *Plateau de Finlande*, à l'*Oural*, au *Caucase* et aux *Plateaux de Podolie* et de *Volhynie ;* elle est bombée vers le centre par les *Plateaux de Valdaï* et de la *Volga.*

1° Le **Plateau de Finlande** est le prolongement méridional des Monts Scandinaves. Il est formé de roches granitiques que l'érosion glaciaire a nivelées.

3. Côtes. — Les plaines russes, au sous-sol granitique, se terminent par des côtes basses, parfois rocheuses, souvent sablonneuses ou marécageuses, et par suite peu favorables à l'établissement des ports.

1° **Les côtes de l'Océan Glacial** sont basses et marécageuses ; **la Mer Blanche** les découpe d'une profonde échancrure fermée par la *Presqu'île de Kola.* Grâce au Gulf-Stream, ces côtes ne sont gelées que cinq mois par an, tandis que celles de la Mer Blanche, privées de cette influence, sont prises par les glaces pendant huit mois.

2° **La Baltique** entame le littoral par les *Golfes de Botnie, de Finlande* et de *Riga ;* elle en a détaché les *Iles Osel* et *Dagö*, à l'entrée du Golfe de Riga, et *Aland,* au seuil du Golfe de Botnie. Toute cette côte est rocheuse, sauf au fond des Golfes de Finlande et de Riga, et sur le littoral de la Lettonie et de la Lithuanie où elle est marécageuse.

3° A l'exception de la **côte méridionale de la Crimée** qui est *rocheuse et élevée*, les **côtes russes de la Mer Noire** et de la **Mer d'Azov** sont basses, sablonneuses et riches en lagunes (*limans*) séparées de la mer par des flèches de sable.

4° Les **côtes russes de la Mer Caspienne** sont basses et marécageuses ; le delta de la Volga et celui de l'Oural s'allongent constamment dans cette mer et travaillent sans cesse à la combler.

4. Le climat de l'Europe orientale est **continental**, sec et excessif.

Les **hivers** sont rudes et longs. La gelée dure 2 mois au Sud, 5 au Centre et 8 au Nord. Mais comme les froids sont prévus, les précautions sont prises : doubles portes et doubles croisées conservent une chaleur douce, entretenue par un poêle constamment allumé, et chauffé au bois qui est abondant.

En **été** les jours sont chauds et les nuits fraîches, parce que l'atmosphère, qui est très sèche, ne peut adoucir les rayons du soleil, ni arrêter le rayonnement nocturne.

L'Europe orientale subit : soit les **vents** doux et humides de l'Atlantique, au Nord-Ouest ; soit les vents glacés du pôle, au Nord-Est ; soit ceux des Plateaux de l'Asie Centrale, au Sud-Est, qui sont glacés en hiver et brûlants en été. Sur ces immenses plaines, les vents glacés d'hiver soufflent souvent en tempêtes de neige accompagnées de froids rigoureux.

Les **pluies**, apportées par les vents du Nord-Ouest, sont faibles et diminuent du Nord-Ouest au Sud-Est : 60 cm. au Nord-Ouest, 40 cm. au Centre, 20 cm. au Sud-Est.

Les précipitations d'automne sont les plus abondantes ; celles d'hiver, assez faibles, tombent en neige qui couvre le sol d'un immense manteau blanc, dont l'épaisseur, sauf parfois au Sud-Est, est généralement suffisante pour aller en traîneau.

5. Hydrographie. — Par suite de l'immense étendue et des formes massives de la Russie, ses fleuves sont les plus longs de l'Europe.

Ils se ressemblent par leur régime : gelés en hiver, ils ont d'énormes crues au printemps, à la fonte des neiges, faiblissent en été, et remontent avec les pluies d'automne. Coulant dans d'immenses plaines, ils vont lentement, et, comme ils drainent de grandes surfaces, ils sont abondants malgré la faible couche de pluie de ces régions.

La plupart de ces fleuves ont leur source au Plateau de Valdaï, le premier château d'eau de l'Europe après les Alpes. De là, ils rayonnent vers les quatre mers du pourtour.

1° A l'*Océan Glacial* ou à la Mer Blanche se rendent la **Petchora** et la **Dvina**. Leur utilité est faible, car elles sont gelées les 3/4 de l'année, et elles traversent des contrées désertes.

2° Vers la *Baltique* coulent la *Néva*, la *Duna* et le *Niémen*.

La **Néva** n'a que 55 km., mais elle est très abondante, car elle déverse les grands *Lacs Ladoga* et *Onéga*.

La **Duna** est le fleuve de la Lettonie ; elle se jette dans le Golfe de Riga.

Le **Niémen** traverse la Lithuanie et se jette dans la Baltique.

3° Dans la *Mer Noire* finissent le *Dniester*, le *Dnieper* et le *Don*.

Le **Dnieper** (2.150 km.), le second fleuve de la Russie, reçoit la *Bérésina*, célèbre par le désastre de l'armée française en 1812, et le *Pripet*, qui draine les *Marais de Pinsk*.

Ce fleuve est abondant et navigable sur presque tout son trajet, sauf partiellement dans son cours inférieur où il est coupé de rapides à la traversée de l'extrémité orientale du Plateau de Podolie qui l'oblige à un grand détour vers l'Est. Connu dès l'antiquité sous le nom de Borysthène, Hérodote l'a célébré à l'égal du Nil.

Le **Don** est le fleuve de la steppe. Abondant au printemps à la fonte des neiges, il est presque sans eau le reste du temps. Il se jette dans la Mer d'Azov après avoir reçu le *Donetz* qui donne son nom à un bassin houiller, et le *Manytch*, souvent pris comme limite entre l'Europe et l'Asie.

4° La *Caspienne* reçoit la *Volga*, et l'*Oural*, pauvre rivière de la steppe, comme le Don.

La **Volga** a 3.400 km., et sa source n'est qu'à 250 m. d'altitude, aussi sa pente est insignifiante et son cours très lent. Son bassin égale trois fois la superficie de la France. C'est le plus long et le plus abondant des fleuves de l'Europe. Il reçoit l'*Oka* grossi de la *Moskowa*, la rivière de Moscou, et la *Kama* qui draine l'Oural Méridional. Avec ses affluents, la Volga livre à la navigation un réseau de 12.000 km. et entretient des millions de pêcheurs. C'est vraiment le fleuve nourricier des Russes qui, pour ce motif, l'appellent la *Petite-Mère*. Malheureusement, il se termine dans une mer sans issue, ce qui lui enlève le rôle important qu'il pourrait avoir en Europe.

6. Zones de végétation. — La nature du sol et le climat déterminent quatre zones de végétation, qui s'échelonnent du Nord-Ouest au Sud-Est, dans le sens de la diminution des pluies.

1° **La zone des toundras** s'étend à l'Extrême-Nord. C'est une région glacée en hiver, marécageuse en été, et qui ne produit que des mousses et des lichens dont se nourrissent les rennes.

2° **La zone des forêts** occupe le Centre-Nord. Dans les épais dépôts glaciaires suffisamment humides de cette zone, croissent des pins et des sapins, au Nord ; des bouleaux, au Centre ; des chênes, des hêtres et des charmes, au Sud. C'est là que vivent les animaux à fourrure.

3° **La zone des steppes** s'étend au Centre-Sud et au Sud-Est. Le sol, trop sec et trop léger, ne peut nourrir ni porter des arbres que le vent arracherait ; seuls les herbages y croissent.

Suivant la fertilité du sol et la durée de la sécheresse, cette zone comprend trois divisions : la *Steppe noire*, la *Steppe grise* et la *Steppe blanche*.

a) **La Steppe noire**, au Centre-Sud, est une bande de 300 à 400 km. de large et 2.000 km. de long, allant des Carpathes à l'Oural ; sa superficie égale deux fois celle de la France. Son sol noirâtre, formé, à travers les siècles, par la décomposition des herbages, est très fertile ; c'est le *Tchernoziom* ou *Terre Noire*, que la culture transforme en terre à blé et à betterave à sucre.

b) **La Steppe grise**, tout au Sud, est moins fertile et plus sèche ; c'est un terrain de pâtures, où les Cosaques élèvent des troupeaux.

c) **La Steppe blanche** occupe les terres salées abandonnées par la Caspienne qui se dessèche peu à peu. C'est un désert avec quelques oasis.

DEVOIR ÉCRIT. — 1. *Exercice 25 du Cahier de Croquis.* — 2. *Décrivez le sol et les zones de végétation de la Russie.*

25e Leçon. — L'EUROPE ORIENTALE POLITIQUE
RUSSIE, FINLANDE, ÉTATS BALTES

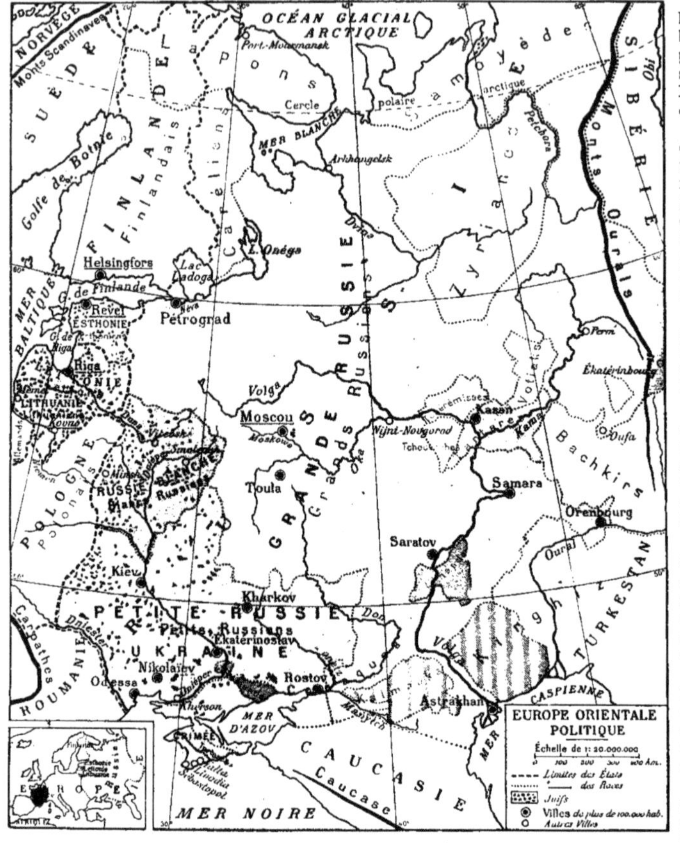

1. Races et religions. — L'Europe orientale est peuplée de *Russes*, de *Lithuaniens*, de *Lettons*, d'*Allemands* et de *Juifs*, de race blanche ; de *Finnois* et de *Turco-Mongols* de race jaune.

1° Les **Russes** forment la majorité. Ce sont des Slaves du type blond. Ils se divisent en Grands Russiens, Petits Russiens, Blancs Russiens et Cosaques.

a) Les *Grands Russiens*, ainsi nommés sans doute à cause de leur grand nombre (50 millions), occupent le Centre et l'Est de la Russie. Ils sont petits et trapus. Ils appartiennent à la religion grecque schismatique dite orthodoxe.

b) Les *Petits Russiens* ne doivent probablement leur nom qu'à leur petit nombre relatif (20 millions), car ce sont les plus grands des Russes. Ils habitent le Sud-Ouest. Kiev est leur métropole. Les uns sont schismatiques, les autres, sous le nom de Grecs-Unis ou d'Uniates, font partie de l'Eglise romaine.

c) Les *Blancs Russiens* (2 millions) doivent leur nom à leur bonnet de feutre blanc. Ils occupent, au Nord-Ouest, les cours supérieurs de la Duna et du Dnieper. Ils se partagent entre le catholicisme et le schisme grec.

d) Les *Cosaques* (6 millions) descendent des Slaves qui, pour fuir la tyrannie des princes moscovites, s'établirent, au moyen âge, dans la steppe méridionale. Ce sont des cavaliers habiles qui s'occupent surtout d'élevage. Les Cosaques du Don, les plus nombreux, ont leur centre à Rostov.

2° Les **Lithuaniens** (3 millions) et les **Lettons** (2 millions) appartiennent au même groupe ethnique ; les premiers sont catholiques et les seconds protestants.

3° Les **Allemands** (300.000 environ), descendant des colons appelés par Catherine II pour occuper les terres enlevées aux Turcs, se groupent au sud de Saratov et sur le littoral de la Mer d'Azov. Ils sont protestants.

4° Les **Juifs** (5 millions peut-être) du type blanc basané, occupent, depuis le XIIIe siècle, la région du Dnieper, où ils forment de petites colonies urbaines, et s'adonnent au commerce ou à divers petits métiers.

5° Les **Finnois** sont des jaunes. Ils comprennent les *Finlandais* (3 millions) et les *Esthoniens* (1 million 1/2), de religion protestante; les *Caréliens*, de religion orthodoxe, les *Lapons* et les *Samoyèdes* restés païens et vivant misérablement de pêche, de chasse et de l'élevage des rennes, les *Zyrianes* de la Petchora, les *Votiaks* de la Kama, les *Tchérémisses* et les *Tchouvaches* de la Volga, les *Bachkirs* de l'Oural, tous plus ou moins russifiés.

6° Les **Turco-Mongols** descendent des envahisseurs asiatiques du moyen âge. Ce sont des pasteurs nomades des steppes méridionales. Ils appartiennent à la religion musulmane. Les *Tartares* des environs de Kasan et ceux de la Crimée sont des Turcs ; les *Kalmouks*, entre les cours inférieurs du Don et de la Volga, et les *Kirghiz*, au Nord de la Caspienne, sont des Mongols.

2. Divisions et Gouvernement. — Les Russes (*Sarmates* et *Scythes* des anciens) formèrent, au IXe siècle, un royaume dont *Kiev* fut la capitale. Convertis au *christianisme*, à cette époque, par des missionnaires de Constantinople, ils suivirent ensuite les Grecs dans leur schisme.

Soumis aux Mongols, du XIIe au XVe siècle, les Russes

purent enfin à l'abri de leurs épaisses forêts, reconstituer leur nation autour de *Moscou*.

A cette époque, les princes moscovites de la Grande Russie commencèrent à étendre leur puissance. Ils repoussèrent d'abord les envahisseurs Mongols ou se les assujettirent. La Petite Russie, reformée à part, fut réunie ensuite à la Grande Russie. Pierre le Grand s'empara du versant de la Baltique ; Catherine II, de la Pologne et des bords de la Mer Noire. Au XIXe siècle, la conquête continua par la Finlande, la Caucasie, la Sibérie et le Turkestan.

La russification linguistique et religieuse, quoique poussée à outrance, ne réussit en partie que dans les possessions orientales. Les provinces occidentales : *Pologne, Lithuanie, Lettonie, Esthonie* et *Finlande*, résistaient et aspiraient à la liberté. Aussi, lorsque l'Empire des Tzars s'écroula, en 1917, ces contrées se séparèrent de la Russie et s'érigèrent en *républiques indépendantes*.

Quant à la Russie, elle est aux mains des *bolchéviks* ou *extrémistes*, et forme l'**Union des Républiques Socialistes Soviétiques.** Le pouvoir central, une vraie dictature, est aux mains des **Soviets** ou *Comités* des ouvriers, des soldats et des paysans dont la politique économique et sociale est la *négation du droit de propriété privée* sur le sol.

3. Population. — La **Russie** actuelle compte 102 millions d'habitants (22 au km²) ; la **Lithuanie,** 2 millions ½ (48 au km²) : **la Lettonie,** 2 millions (28 au km²) : **l'Esthonie,** 1 million ½ (23 au km²), et la **Finlande,** 3 millions ½ (10 au km²).

Tandis que les régions industrielles de Moscou, de Pétrograd et de Riga, et les riches régions agricoles des Terres Noires, ont une population relativement dense, les toundras des Lapons et des Samoyèdes, les forêts de la Grande Russie et les steppes sont presque inhabitées.

Avant la Révolution, l'accroissement de la population russe atteignait un million par an. Cependant la mauvaise exploitation du sol et une russification à outrance amenaient une forte émigration que le gouvernement s'efforçait de diriger vers la Sibérie, mais sans succès pour les habitants des provinces occidentales, qui lui préféraient l'Amérique du Nord.

4. Habitations et villes. — La Russie, et les petits États sur la Baltique qui s'en sont détachés, sont des pays de ruraux. Les paysans représentent les 4/5 de la population. Ils vivent généralement groupés par villages ; ceux des régions forestières de la Grande Russie (les *moujiks*) habitent des cabanes en rondins recouvertes de chaume (les *isbas*). (*Voir p. 57, 4e image.*)

Les grandes *villes* sont rares ; on en compte 25 de plus de 100.000 hab., tandis que les États-Unis, plus étendus et dont la population est moins dense, en ont 54.

Moscou (1.800.000 h. en 1914, 1.000.000 en 1920), redevenue la capitale de la Russie, est bâtie sur la Moskowa et autour de la vieille forteresse du Kremlin ; c'est le principal centre russe pour les industries textiles et métallurgiques. (*Voir p. 57, 2e image.*)

Pétrograd, *Saint-Pétersbourg* avant la Guerre, et aujourd'hui *Léningrad* (2.300.000 h. en 1914, 700.000 en 1920), sur la Néva, fut fondée par Pierre le Grand, au XVIIIe siècle, pour être la capitale de la Russie ; elle a perdu ce titre depuis l'arrivée au pouvoir des bolchéviks ; ses faubourgs ont des industries textiles et métallurgiques. (*Voir le plan ci-dessus, et la 1re image de la p. 57.*)

Kiev (650.000 h. en 1914, 360.000 en 1920), la plus ancienne capitale des Russes, sur le Dnieper, en Ukraine, est un entrepôt pour le commerce du bois, des céréales et du sucre, et un centre manufacturier.

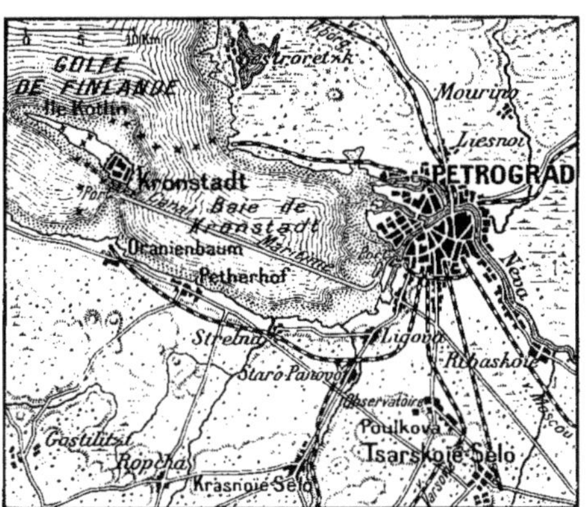

Pétrograd est bâtie, au fond du Golfe de Finlande, sur les bouches de la Néva. Cette rivière de 55 km. de long sort du Lac Ladoga, situé à l'Est ; elle est généralement gelée de novembre à avril. La ville est défendue du côté de la mer par la sombre forteresse de Kronstadt. Pour éviter les sables du fond du Golfe on a creusé un canal qui permet aux navires, calant 4 m. 50, d'arriver à Pétrograd. Oranienbaum, Péterhof, Krasnoié-Sélo et Tsarskoié-Sélo étaient des résidences impériales qu'entourent d'immenses parcs. Poulkova est l'observatoire de Pétrograd.

Odessa (430.000 h.) sur la Mer Noire ; **Kherson** (70.000 h.), à l'embouchure du Dnieper ; **Rostov** (180.000 h.), aux bouches du Don, exportent des céréales.

Kharkov (250.000 h.) près du Haut Donetz, **Ékatérinoslav** (170.000 h.), sur le Dnieper ; **Saratov** (230.000 h.) et **Samara** (180.000 h.) sur la Volga, sont des entrepôts de grains de la zone des Terres Noires.

Kasan (150.000 h.), au coude de la Volga, est le centre religieux des Tartares musulmans. (*Voir p. 57, 3e image.*)

Nijni-Novgorod (90.000 h.), au confluent de l'Oka et de la Volga, est célèbre par ses foires.

Perm (45.000 h.), **Ékatérinbourg** (60.000 h.), **Oufa** (50.000 h.) et **Orenbourg** (115.000 h.), sont les principales villes de l'Oural.

Arkhangelsk (20.000 h.), sur la Mer Blanche, **Port-Mourmansk,** sur l'Océan Glacial, et **Astrakhan** (130.000 h.) sur la Caspienne, sont des ports de commerce.

Sébastopol (40.000 h.), arsenal militaire, **Livadia** et **Yalta,** stations hivernales, sont sur la côte méridionale de la Crimée, la *Côte d'Azur* de la Russie.

Minsk (95.000 h.), **Smolensk** (80.000 h.) et **Vitebsk** (90.000 h.), les principales villes de la Russie Blanche, sont peuplées de beaucoup de Juifs.

Kovno (95.000 h.), sur le Niémen, est la capitale de la Lithuanie ; **Memel** en est le port.

Riga (270.000 h.), au fond du golfe de même nom sur la Duna, est la capitale de la Lettonie ; elle a des tissages de coton et des usines métallurgiques ; elle exporte du bois, du lin et des céréales.

Revel (125.000 h.), sur le Golfe de Finlande, est la capitale de l'Esthonie.

Helsingfors (190.000 h.), la capitale de la Finlande, est élégamment bâtie avec les riches matériaux qui abondent dans la région ; c'est une ville industrielle, et un port sur le Golfe de Finlande.

DEVOIR ÉCRIT. — 1. *Exercice 26 du Cahier de Croquis.* — 2. *Décrivez les populations de l'Europe orientale.*

26e Leçon. — L'EUROPE ORIENTALE ÉCONOMIQUE

1. Agriculture. — La Russie, la Finlande et les Pays baltiques de l'Europe orientale sont surtout agricoles.

En dehors des toundras, des marécages et des steppes blanches qui occupent 1/5 du pays, le sol est couvert de cultures (1/5), de prairies ou de pâturages (1/5), et de forêts (2/5).

1° La culture occupe une étendue égale à deux fois la superficie de la France, mais elle est assez primitive, et, par suite de la pénurie d'engrais, le rendement est assez faible : 7 hl. à l'hectare contre 16 en France.

Les *céréales* sont la grande richesse agricole. Le *blé* est surtout cultivé dans les Terres Noires, et il s'exportait presque en entier avant la Révolution. Le *seigle*, cultivé partout, forme la base de l'alimentation, et sert à préparer la *vodka*, l'eau-de-vie nationale. L'*avoine* vient surtout dans le Centre. L'*orge* mûrit jusqu'en Laponie.

Trois *plantes industrielles* sont particulièrement cultivées : la *betterave sucrière*, à l'ouest des Terres Noires ; le *lin*, aux environs de Moscou et dans les Pays baltes ; le *chanvre*, entre Kiev et Moscou.

2° **L'élevage** est la seconde richesse du pays. Il se fait cependant dans des conditions défectueuses, dont la pire est le séjour du bétail à l'étable, durant les longs mois d'hiver, avec une nourriture insuffisante.

Les *chevaux* et les *bêtes à cornes* sont élevés un peu partout, surtout dans les régions occidentales ; les *moutons*, dans les steppes du Sud-Est ; les *porcs*, dans les forêts de chênes de la Russie Blanche et de la Lithuanie.

3° **Les forêts**, malgré d'importants défrichements, couvrent encore les 2/5 du sol. Leurs produits sont en majorité employés sur place, à la construction des habitations, à la fabrication des instruments aratoires et domestiques, et au chauffage.

Les bois, destinés à l'exportation ou aux régions des steppes, sont coupés en hiver, rassemblés au bord des fleuves, et, lancés à l'eau au moment de la débâcle, ils filent à la dérive vers les grands marchés.

4° **La chasse**, une ressource secondaire de ces pays forestiers, trouve encore du gibier, mais les animaux à riches fourrures, ours, renards, castors, hermines, ont beaucoup diminué.

5° **La pêche** fait vivre des millions de Russes. Les fleuves du Nord donnent des saumons et des truites ; ceux du Sud, des carpes et des esturgeons. Dans l'Océan Glacial et la Baltique, on pêche la morue et le hareng ; dans la Mer Noire et la Caspienne, le maquereau et l'anchois.

2. Industrie. — La grande industrie était née depuis peu, en Russie, lorsque la Révolution est venue arrêter son développement. On la répartissait ainsi par ordre d'importance : *industries alimentaires, textiles, minières et métallurgiques.*

1° **Les industries alimentaires** sont au centre des régions de culture : les *minoteries*, dans la zone des Terres Noires ; la fabrication de l'*eau-de-vie* de seigle, dans tout le pays ; les *sucreries* et les *raffineries*, en Ukraine, où l'on cultive la betterave à sucre.

2° **Les industries textiles** travaillent le *coton* des Etats-Unis, de la Transcaucasie et du Turkestan ; le *lin*, le *chanvre* et la *laine* du pays. Les grands centres producteurs étaient Moscou, Vladimir, Iaroslav, Pétrograd et Riga ; Moscou travaille aussi la soie.

1. — **Pétrograd** et la rive gauche du grand bras de la Néva où se pressent les principaux monuments de la ville. A gauche, la cathédrale Isaac, toute en marbre ou en granit, avec son immense coupole. Au centre, la statue équestre de Pierre le Grand, qui repose sur un énorme bloc erratique de 5 mètres de hauteur.

2. — **Moscou et le Kremlin**, au bord de la Moskowa. Le Kremlin, c'est-à-dire la forteresse, est entouré d'un mur crénelé de 2 km. 220 m. de long, que flanquent 21 tours de formes diverses. Cette ancienne demeure des tzars est un ensemble de palais, de casernes et d'églises aux nombreuses coupoles bulbeuses.

3. — **Kasan**, sur la Kasanka, près de son confluent avec la Volga, est l'ancienne capitale des Tartares de la Horde d'Or. Les Russes s'en emparèrent en 1552. La forteresse, qui domine la ville basse, est encore plus riche que le Kremlin de Moscou, en clochers et clochetons, aux multiples couleurs. La plupart sont du XVIIIe siècle.

3° **Les industries minières** comprennent l'extraction de la houille, du fer, de l'or et du platine. La *houille* et le *fer* se trouvent dans les mêmes bassins : ceux du Donetz, de l'Oural et de Toula ; l'*or* et le *platine*, dans l'Oural Méridional qui fournit les 9/10 de tout le platine employé sur le Globe.

4° **Les industries métallurgiques** se développent dans les centres d'extraction de la houille et du fer.

Dans la région du Donetz, **Ékatérinoslav** a des *aciéries*, et **Kharkov** construit des *chaudières* et des *locomotives ;* **Perm**, dans l'Oural, a des *forges* et une fonderie de *canons ;* **Toula** fond des *cloches* et fabrique des *armes à feu*, et des *samovars*, sortes de bouilloires très usitées en Russie.

Pétrograd et **Odessa** ont des chantiers de *constructions navales*.

5° **Les petites industries** rurales sont anciennes et jouent un grand rôle économique. Elles comprennent l'*exploitation des forêts*, le *travail du bois*, la fabrication du *papier*, les *tanneries*, la préparation du *cuir de Russie* et des *pelleteries*.

3. Moyens de communication. — Dans un pays aussi étendu que la Russie et où les ressources sont si localisées, les moyens de communication ont une importance capitale. Or la Russie a peu ou point de *routes*, des *voies ferrées* insuffisantes, mais un *réseau fluvial* des plus vastes et des plus complets.

1° **Les routes** bien entretenues sont rares. La plupart sont de grandes pistes ou des chemins de traverse non empierrés que le dégel du printemps rend à peu près impraticables. En été, on y circule avec de lourdes *tarentass* à quatre roues (*Voir 4e image*), ou avec de légères *troïkas* à deux roues ; en hiver, avec ces mêmes voitures qu'on a transformées en *traîneaux* en remplaçant les roues par des patins ; l'hiver est la bonne époque des voyages.

2° **Les voies ferrées** ont, pour des raisons stratégiques, un écartement plus grand que celui des autres Etats européens, ce qui est une gêne pour les relations internationales. Elles rayonnent de Moscou. (*Etudiez-les sur la carte.*) D'autre part, Pétrograd est unie directement à la Sibérie et à l'Europe centrale et occidentale.

3° **Les voies navigables** sont très développées. Malheureusement, les glaces, la débâcle et les crues, les rendent inutilisables une bonne partie de l'année. En hiver ce sont de bonnes routes pour les traîneaux.

Les bassins fluviaux ont des seuils de séparation peu élevés ; quelques-uns ont été réunis par des canaux. C'est ainsi que de la Volga on peut passer dans la Dvina, dans les Lacs Onéga et Ladoga et dans la Néva, et du Dnieper dans la Duna, le Niémen et la Vistule.

4° **La navigation maritime** se trouve dans des conditions défavorables par suite de la disposition des mers qui bordent le pays. Celles du Nord : Mer Blanche et Baltique, sont prises par les glaces une partie de l'année ; celles du Sud sont, ou complètement fermées comme la Caspienne, ou d'un débouché difficile comme la Mer Noire. Aussi la marine marchande de la Russie d'avant-guerre ne venait qu'au huitième rang dans le monde, et les 9/10 des navires qui fréquentaient ses ports étaient étrangers.

4. Le commerce de l'ancienne Russie atteignait à peine 7 milliards ; c'était moins que celui de la Belgique. Les exportations valaient près du double des importations.

La Russie **importait** des matières premières pour ses industries textiles (*coton, soie* et *laine*), des combustibles (*houille* et *pétrole*), des produits manufacturés (*machines, armes, matériel des chemins de fer*), et des denrées alimentaires (*vin, thé* surtout, la boisson nationale).

Elle **exportait** des denrées alimentaires (surtout du *blé*) et des matières premières (*bois* et *lin*).

DEVOIR ÉCRIT. — 1. *Exercice 27 du Cahier de Croquis.* — 2. *Parlez des ressources alimentaires de la Russie.*

Phot. communiquée par la Soc. de Géog. de Paris.

4. — **Isbas de la Russie centrale.** — Ce sont des habitations en troncs de pins, posés les uns sur les autres, et couvertes de chaume. On est en été puisque les arbres sont feuillus et que la tarentass est montée sur roues. En hiver, les roues seront remplacées par des patins, transformant ainsi ce véhicule en traîneau.

27e Leçon. — LA PÉNINSULE DES BALKANS

1. Limites et étendue. — **La Péninsule des Balkans est le prolongement, au Sud-Est, de l'Europe continentale. Ses *limites politiques*, qui dépassent ses limites naturelles, sont : au Sud-Ouest, l'Adriatique et la Mer Ionienne ; au Sud-Est, la Mer Egée, la Mer de Marmara et la Mer Noire ; au Nord, le Dniester, le rebord occidental du Plateau de Transylvanie** et **la Drave.** Physiquement, les Plaines de la Roumanie se rattachent à la grande Plaine russe, et les Plaines du Nord de la Yougo-Slavie, à la Plaine hongroise.

Dans ces limites politiques, la Péninsule occupe, avec les îles annexes, une *étendue* **égale aux 8/5 de celles de la France.**

2. Relief. — **Deux plissements tertiaires :** l'***Arc des Carpathes et des Balkans,*** au **Nord-Est,** et les ***Chaînes Dinariques et du Pinde,*** au Sud-Ouest, forment la charpente de **la** Péninsule et enserrent un ***Massif central primaire.***

1° **L'Arc des Carpathes et des Balkans** est coupé par le Danube au défilé des ***Portes de Fer.***

Les **Carpathes de Roumanie** et leur prolongement méridional, les *Alpes de Transylvanie,* tombent brusquement à l'Est sur les ***Plaines de Moldavie*** et de *Valachie,* et en pentes douces, à l'Ouest, sur le ***Plateau de Transylvanie.***

Les **Balkans** sont des chaînes plissées d'une altitude moyenne de 2.000 m. **Ils tombent brusquement au Sud sur la vallée de la Maritza, tandis qu'ils s'abaissent lentement au Nord** où ils forment le ***Plateau Balkanique*** **qui se termine en falaise** sur le Danube, et se prolonge au Nord-Est par le ***Plateau de** la Dobroudja.*

2° **Les Alpes Dinariques** ou de **Dalmatie,** et les **Monts du Pinde,** longent l'Adriatique. Ce sont de hauts plateaux calcaires, très perméables, creusés de dépressions fermées (les *poliés*), les seules parties cultivables.

Du Pinde méridional se détachent de longues et étroites chaînes calcaires, très enchevêtrées, qui couvrent toute la presqu'île hellénique où s'élèvent des sommets célèbres : le ***Taygète,*** en Morée ; le ***Parnasse,*** dans l'Hellade ; l'***Olympe,*** l'***Ossa*** et le ***Pelion,*** en Thessalie. Les Alpes Dinariques s'abaissent au Nord et limitent les plaines drainées par la Save et la Drave.

3° Le centre de la Péninsule des Balkans est constitué par un **Massif granitique ancien,** très morcelé, comprenant le *Rhodope,* à l'Est, le ***Plateau de Serbie,*** au Nord-Ouest, et le ***Plateau de Macédoine*** avec la *Chalcidique,* au Sud-Ouest.

Ces massifs dominent des vallées, souvent élargies en plaines, qui s'ouvrent à leurs pieds : au Nord, la ***Vallée de la Morava*** et la ***Plaine de Belgrade;*** au Sud, les ***Vallées du Vardar et de la Strouma*** qui s'élargissent pour former la ***Plaine de Macédoine ;*** à l'Est, la ***Vallée de la Maritza*** et la ***Plaine de Thrace.***

3. Côtes. — Peu de régions présentent un littoral plus découpé que la Péninsule des Balkans, surtout dans la partie méridionale.

1° Les Alpes Dinariques et les Monts du Pinde sont parallèles au littoral et tombent en abrupt sur l'***Adriatique*** et la ***Mer Ionienne,*** aussi la côte est-elle rocheuse et élevée. Elle est bordée d'une rangée d'îles provenant de l'affaissement d'une ancienne chaîne littorale dont les vallées longitudinales sont devenues de longs couloirs marins ; les vallées transversales, des détroits, et les sommets, des îles : telles les ***Iles Dalmates,*** au Nord, et les *Iles Ioniennes* (Corfou, Céphalonie et Zante), au Sud. Parfois des vallées transversales submergées ont été transformées en golfes profonds comme les ***Bouches de Cattaro*** et le ***Golfe de Lépante.***

2° Les chaînes orientales de la Péninsule des Balkans

arrivent perpendiculairement aux côtes de la *Mer Egée* où elles se terminent en caps, se prolongent en presqu'îles, ou se détachent en traînées d'îles, tandis que les vallées longitudinales se creusent en golfes profonds.

a) **La Presqu'île** *de Morée*, terminée par le *Cap Matapan*, est rattachée au Continent par l'*Isthme de Corinthe*, de 6 km. de large. La *Chalcidique* projette trois longues pointes dont l'une porte le *Mont Athos*, célèbre par ses couvents grecs. La *Presqu'île de Gallipoli* est séparée de l'Asie Mineure par le Détroit des Dardanelles. (*V, p.* 77, 4e *fig.*)

b) Les **îles** sont généralement groupées : *Cérigo*, *Crète* ou *Candie*, *Karpathos* et *Rhodes* forment un arc allant de la Morée à l'Asie Mineure. *Eubée* se prolonge par le cercle allongé des *Cyclades* qui comprennent *Andros*, *Syra*, *Paros*, célèbre par ses marbres, *Naxos*, et *Santorin* d'origine volcanique. Les *Sporades* occupent le Centre ; *Thasos*, *Samothrace*, *Imbros* et *Lemnos*, le Nord de la Mer Égée.

c) Quant aux **golfes**, citons ceux de *Lépante*, de *Salamine*, de *Salonique*, d'*Orfano* et de *Saros*.

d) Le **Détroit** *des Dardanelles* (long de 68 km. et large de 2 à 6 km.), et le *Bosphore* (long de 27 km. et large de 600 à 4.000 m.) ressemblent plus à des fleuves qu'à des détroits, à cause de leur grande longueur, de leur peu de largeur et du courant qui amène le trop plein de la Mer Noire dans la Méditerranée. Leurs côtes, ainsi que celles de la Mer de Marmara, sont rocheuses et élevées.

3° Les côtes de la *Mer Noire*, depuis le Bosphore jusqu'au Dniester, font suite aux plaines de la Thrace et de la Roumanie, aussi sont-elles basses, marécageuses et rectilignes, sauf à l'extrémité des Balkans, où elles sont rocheuses et élevées, et où se creusent les *Baies de Bourgas* et de *Varna*.

4. Climat. — Malgré sa latitude méridionale et le voisinage de la Méditerranée, la Péninsule des Balkans a deux climats bien tranchés qu'elle doit au relief. Les **Plaines Yougo-Slaves et Roumaines** et les versants septentrionaux, soustraits à l'influence méditerranéenne et exposés aux vents du Nord, ont un climat *semi-continental* : étés brûlants ; hivers longs et rigoureux, durant lesquels le sol reste couvert de neige pendant 4 ou 5 mois. Les pluies tombent au printemps, ou en hiver sous forme de neige, mais sont peu abondantes (50 ou 60 cm.).

Les **versants méridionaux**, le **littoral** et les îles sont soumis à l'*influence méditerranéenne*. Leurs étés sont chauds, secs et poussiéreux ; leurs hivers, tièdes et humides. Sur ces versants exposés aux vents humides de l'Ouest, les pluies sont abondantes ; elles tombent en automne et en hiver. C'est la région d'Europe qui, en certains points, reçoit les plus fortes précipitations : jusqu'à 4 mètres aux Bouches de Cattaro.

5. Hydrographie. — La Péninsule des Balkans ne possède qu'un grand fleuve navigable, le **Danube** ; la branche centrale de son delta vaseux, qui s'avance de 4 km. par siècle, est seule praticable.

La plupart des autres cours d'eau de la Péninsule ont peu d'étendue ; leur inconstance, due à l'irrégularité des pluies, et leurs vallées étroites, formées de bassins séparés par des défilés resserrés qu'ils franchissent en rapides, les rendent impropres à la navigation. A l'époque des pluies, ces cours d'eau torrentueux entraînent du limon qu'ils déposent à leurs embouchures, où s'accroissent sans cesse les plaines marécageuses qu'ils ont formées.

Le **Dniester** remplit bien son rôle de frontière russo-roumaine par la vallée encaissée de son cours supérieur, et par les inondations de plus de 70 km. de large, de son cours inférieur.

Phot. Molteni.

Le Bosphore vu d'Europe. Ses deux rives portent une suite de forts, de palais et de villas perdus dans la verdure. Le *Château d'Europe*, dont les tours et les murs à créneaux se détachent sur le Bosphore, est une ancienne forteresse construite par les Turcs, l'année qui précéda leur prise de Constantinople ; elle renferme tout un village dans son enceinte crénelée de dix mètres d'épaisseur. (*Voir p.* 78, 1re *fig.*).

Les cours d'eau de la Péninsule, **tributaires du Danube**, sont : le *Pruth* qui sépare la Bessarabie de la Moldavie ; la *Dombovitza* et l'*Aluta* qui viennent des Carpathes et traversent la Plaine de Valachie ; la *Morava* qui descend du Plateau de Serbie ; la *Save* grossie de la *Koupa*, de la *Bosna* et de la *Drina* qui drainent le versant nord des Alpes Dinariques ; la *Tisza* et son affluent le *Maros*, le principal cours d'eau du Plateau de Transylvanie ; enfin la *Drave* dont le cours sert, en partie, de frontière entre la Hongrie et la Yougo-Slavie.

A l'Adriatique se jettent la **Narenta** qui traverse les Alpes Dinariques, et le **Drin**, la rivière d'Albanie.

La Mer Ionienne et la Mer Egée reçoivent de nombreux petits cours d'eau, insignifiants par eux-mêmes mais rendus célèbres par les poètes anciens, tels l'*Eurotas* de Sparte et le *Pénée* qui draine la Plaine de Thessalie et aboutit à la mer par la fameuse Vallée de Tempé resserrée entre l'Olympe et l'Ossa.

Le **Vardar** vient du Plateau de Serbie comme la Morava dont il prolonge la vallée au Sud, et se jette dans le Golfe de Salonique.

La **Strouma** longe le Rhodope à l'Ouest, tandis que la **Maritza** le contourne au Nord et à l'Est et finit aussi dans la Mer Egée après avoir drainé la Plaine de Thrace.

6. Zones de végétation. — Elles varient comme le climat, avec l'altitude et l'exposition. Les Plaines Yougo-Slaves et Roumaines sont des régions de steppes que la culture a transformées en terres à céréales.

Sur le littoral et dans les îles, c'est la végétation méditerranéenne à feuillage toujours vert : oliviers, citronniers et pins maritimes mélangés au maquis.

Sur les plateaux et les pentes peu élevées croissent les arbres à feuilles caduques, chênes et hêtres ; sur les sommets plus élevés ne viennent que les résineux : pins et sapins ; plus haut encore, au-delà de 1.600 mètres, il n'y a plus que des pâturages de montagne.

DEVOIR ÉCRIT. — 1. *Exercice 28 du Cahier de Croquis.* — 2. *Décrivez les cours d'eau de la Péninsule des Balkans et les régions qu'ils traversent.*

28e Leçon. — LES ÉTATS BALKANIQUES ET LEUR VIE ÉCONOMIQUE

1. Populations et États Balkaniques. — La Péninsule des Balkans comprend des *populations très diverses*, car étant un pays de passage entre l'Asie et l'Europe, chaque envahisseur y a laissé quelques colonies.

Des premiers habitants du pays, les *Pélages*, descendraient les **Albanais** ; des *Hellènes*, les **Grecs.**

Les **Roumains** doivent leur origine et leur nom à des *colonies militaires*, établies dans l'ancienne Dacie, par les *Romains*, alors maîtres de toute la Péninsule.

L'Empire d'Orient maintint l'unité politique du pays jusqu'au VIIe siècle. A cette époque, les **Serbes** (des *Slaves* comme les Russes et les Polonais) s'établirent dans le centre de la Péninsule. Au XIIe siècle, les **Bulgares** (des *Finnois* de race jaune venus d'Asie) parcoururent le pays, puis s'y fixèrent. Enfin, au XVe siècle, les **Turcs**, de race mongole, s'emparèrent de toute la Péninsule.

Mais ces populations différentes de races le sont encore de religion, car, si, hors des Turcs *musulmans*, toutes les autres populations sont *chrétiennes*, elles forment cependant des Églises séparées. Aussi, l'unité politique sous le joug des Turcs était-elle difficilement supportée.

Au XIXe siècle, le sentiment national se réveilla, et les races asservies, trouvant un appui dans les puissances chrétiennes d'Occident, purent, les unes après les autres, conquérir leur indépendance. La **Grèce** commença la première, en 1829 ; puis ce fut le tour de la **Roumanie, en 1859** ; de la **Serbie** et du **Monténégro,** en 1878 ; de la **Bulgarie,** en 1908 et de **l'Albanie,** en 1912. Plusieurs années avant leur indépendance complète, la plupart de ces États avaient obtenu une certaine autonomie.

A la suite de la *Guerre des Balkans*, en 1912-1913, et surtout après **la** *Grande Guerre*, chaque État put faire coïncider, à peu près, ses limites politiques avec celles de la race qui le compose.

Ainsi partagée, la Péninsule compte aujourd'hui six États : la *Roumanie*, la *Yougo-Slavie*, la *Bulgarie*, la *Grèce*, l'*Albanie* et la *Turquie*.

2. La Roumanie est un *royaume*. Son **étendue** est égale aux 3/5 de celle de la France. Elle compte 17 millions d'habitants (53 au km²) de *famille latine*, de *langue roumaine* et de *religion grecque schismatique*.

Le **climat** est continental et excessif.

La Roumanie est surtout **agricole** : elle cultive du *blé* et du *maïs*, de la *vigne* et des *pruniers*, du *chanvre* et des *betteraves à sucre* ; elle élève des *bœufs*, des *chevaux*, des *moutons* et des *porcs*, exploite ses *forêts* et se livre à la *pêche*.

Les pentes des Carpathes ont de riches gisements de *sel gemme* et surtout de *pétrole*, qui sont activement exploités.

Les **industries agricoles** (*minoteries, distilleries* et *sucreries*) et les **industries du bois** (*scieries* et *meubles*) sont les seules importantes.

La Roumanie **exporte** surtout du *blé* et du *pétrole* ; elle **importe** des *fers*, des *machines* et des *tissus*.

Bucarest (700.000 h.), la capitale, est une ville élégante située dans la Plaine de Valachie. C'est le centre commercial, industriel et intellectuel du royaume.

Constantza (15.000 h.), sur la Mer Noire, est le principal port. Les autres localités importantes sont des centres agricoles et commerciaux : **Kichinev** (120.000 h.), en Bessarabie. **Czernowitz** (100.000 h.), en Bukovine ; **Jassy** (75.000 h.), en Moldavie ; **Temesvar** (75.000 h.), dans le Banat, **Clous** (65.000 h.), en Transylvanie, **Galatz** (150.000 h.), port danubien, en Valachie.

3. La Yougo-Slavie, appelée officiellement *Royaume Serbe-Croate-Slovène*, égale la moitié de la France. Elle compte 12 millions d'habitants (48 au km²) de race slave ; les *Serbes* sont schismatiques ; les *Croates* et les *Slovènes*, catholiques.

Ce pays comprend trois régions : au Nord-Est une *longue plaine* drainée par le Danube, la Drave, la Save et la **Morava ; au Sud-Ouest** une *contrée montagneuse* couverte par les **Alpes Dinariques** ; au Sud-Est, le *Plateau de Serbie.*

Le climat est méditerranéen sur l'étroite zone côtière de l'Adriatique ; partout ailleurs il est semi-continental.

La Yougo-Slavie est essentiellement **agricole ;** elle cultive du *blé* et du *maïs*, des *pommes de terre* et des *betteraves à sucre*, des *arbres fruitiers*, surtout des pruniers ; elle élève des *chevaux*, des *bœufs*, des *porcs* et de la *volaille ;* enfin, elle exploite ses *forêts* qui couvrent les 2/5 du sol.

La *houille*, le *fer* et le *cuivre* existent en Yougo-Slavie, mais sont encore peu exploités. Les **industries agricoles** ont seules quelque importance.

Le pays **exporte** des *céréales*, des *prunes*, de la *viande*, des *œufs* et du *bois ;* il **importe** des *tissus* et des *machines.*

Belgrade (120.000 h.), la capitale, en Serbie, est bâtie au confluent de la Save et du Danube

Les autres villes sont des ports, comme **Raguse** (15.000 h.) et **Cattaro** (4.000 h.), sur l'Adriatique, ou des centres agricoles et commerciaux : **Nich** (25.000 h.) et **Uskub** (60.000 h.), en Serbie ; **Cettinyé** (5.000 h.), l'ancienne capitale du Monténégro ; **Mostar** (15.000 h.), en Herzégovine ; **Sarajévo** (60.000 h.), en Bosnie ; **Zagreb** ou *Agram* (110.000 h.), en Croatie ; **Lioubliana** ou *Laibach* (55.000 h.), en Slovénie.

4. La Bulgarie est un *royaume* dont le roi porte le nom de *tzar*. Son *étendue* égale le cinquième de celle de la France. Elle compte 5 millions d'habitants (47 au km²) de *race jaune*, mais slavifiés, et de *religion grecque schismatique.*

Ce pays occupe les deux *versants de la chaîne des Balkans* et une partie du *Rhodope.*

Le climat est excessif ; seules les vallées tournées vers le Sud ressentent les influences de la Méditerranée.

La Bulgarie est surtout **agricole.** Elle cultive du *blé* et du *maïs ;* des *rosiers* pour la fabrication de l'essence de rose, et des *mûriers* pour la nourriture du ver à soie ; elle élève des *vaches* et des *brebis* dont le lait sert à faire des fromages renommés en Orient.

Il y a des mines de *houille*, de *fer* et de *cuivre*, aux environs de Sofia, mais elles sont encore peu exploitées. La grande industrie (*minoteries*, *fabriques de tissus* de laine et de soie, *machines agricoles*) naît à peine.

La Bulgarie **exporte** des *céréales*, de l'*essence de rose*, des *cocons* et des *fromages ;* elle **importe** des *tissus* et des *machines.*

Sofia (155.000 h.), la capitale, est sur la grande ligne de l'Europe occidentale à Constantinople.

Tirnova (12.000 h.), est l'ancienne capitale du moyen âge. **Varna** (50.000 h.) et **Bourgas** sont des ports sur la Mer Noire ; **Rouchtchouk** (45.000 h.), sur le Danube, et **Philippopoli** (65.000 h.), sur la Maritza, des centres commerciaux.

5. L'Albanie égale le quinzième de la France. Elle compte 850.000 habitants (23 au km²), catholiques au Nord, musulmans au Centre, schismatiques au Sud.

Le pays est très *montagneux ;* son **climat** est méditerranéen sur la côte et semi-continental à l'intérieur ; les Albanais sont surtout *pasteurs.*

Tirana (13.000 h.), est la capitale ; **Durazzo** (5.000 h.) et **Valona** (7.000 h.) sont d'excellents ports.

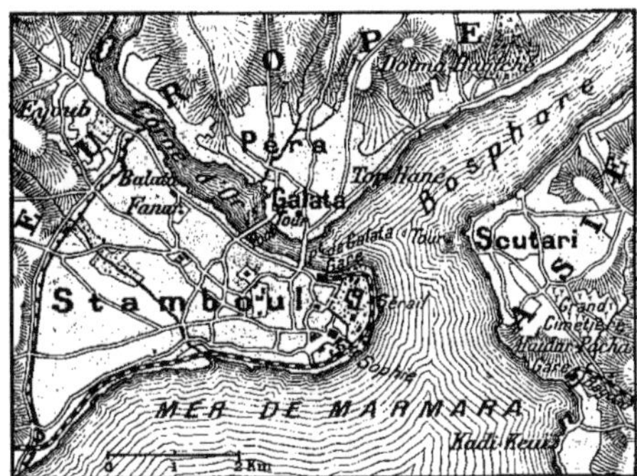

Plan de Constantinople.

6. La Grèce est un *royaume.* Son *étendue* égale le cinquième de celle de la France. Elle compte 5 millions d'habitants (40 au km²) de *langue et de religion grecques.*

Le pays est *montagneux ;* son littoral, très découpé, est bordé de nombreuses îles. Son **climat** méditerranéen est modifié par le relief.

Les Grecs sont surtout commerçants. Cependant ils s'adonnent à l'**agriculture**, et leurs industries en dérivent. Ils cultivent des *céréales*, l'*olivier* et la *vigne*, fabriquent de l'*huile* et du *vin*, préparent des *raisins secs*, dits de *Corinthe*, élèvent des *chèvres* et des *brebis*, et pratiquent la *pêche aux éponges ;* ils exploitent leurs *mines de plomb* et leurs *carrières de marbre* de l'Attique et de Paros.

La Grèce **exporte** de l'*huile d'olive*, du *vin* et des *raisins secs ;* elle **importe** des *grains*, du *charbon*, des *tissus* et des *produits chimiques.*

Athènes (300.000 h.), la capitale, est célèbre par ses monuments et son histoire. (*Voir, p. 78, 3e et 5e fig.*)

Le **Pirée** (135.000 h.) est le port et le faubourg industriel et commercial d'Athènes. **Corfou** (27.000 h.), dans l'île de même nom, **Patras** (53.000 h.), sur le Golfe de Lépante, la **Canée** (25.000 h.) en Crète, **Hermopolis** (18.000 h.), dans l'Ile Syra, une des Cyclades, **Salonique** (170.000 h.), en Macédoine, sont des ports.

7. La Turquie d'Europe égale quatre de nos départements ; elle compte un million et demi d'habitants : des *Turcs musulmans* et des *Grecs orthodoxes.*

Constantinople (885.000 h.) occupe une situation unique au monde, entre l'Europe et l'Asie. Elle est bâtie sur une presqu'île triangulaire limitée par la Mer de Marmara, le Bosphore et la Corne d'Or, sorte de golfe très allongé qui sert de port. (*Voir le plan.*)

Andrinople (60.000 h.), sur la Maritza, dans une plaine fertile, est un centre commercial.

8. Voies internationales de communication. — A l'exception du *Danube*, les cours d'eau de la Péninsule des Balkans ne sont pas navigables, mais leurs vallées ont été suivies par des voies ferrées.

Les principales lignes unissent l'Europe occidentale et centrale aux ports de la Péninsule. (*Etudiez-les sur la carte.*)

DEVOIR ÉCRIT. — 1. *Exercice 29 du Cahier de Croquis.* — 2. *Indiquez les productions, les exportations et les importations communes aux Etats Balkaniques.*

29e Leçon. — L'ITALIE PHYSIQUE

1. Situation et étendue. — L'Italie comprend une *partie continentale*, une grande *presqu'île* en forme de botte, *deux grandes îles*, la Sicile et la Sardaigne, et *quelques îles plus petites*.

Son étendue égale les 3/5 de celle de la France.

2. Sol et relief. — I. **L'Italie continentale** est formée de la longue Plaine du Pô que surplombent en abrupt les Apennins, au Sud, et les Alpes, à l'Ouest et au Nord ; le Plateau du Carso ou de l'Istrie la limite au Nord-Est. Cette plaine est un *ancien golfe* comblé par les alluvions.

Quelques collines, comme celles du *Montferrat*, marquent le passage entre la montagne abrupte et la plaine.

L'Italie possède, en tout ou en partie, quelques-uns des plus hauts sommets des Alpes : le *Mont Viso*, le *Grand Paradis*, le *Mont Blanc*, le *Mont Rose*, le *Pic de la Bernina* et l'*Ortler*.

De même, plusieurs des grands passages des Alpes débouchent sur son territoire et expliquent le rôle politique et économique que la Plaine du Pô a toujours joué dans l'histoire. Ce sont : les *Cols de Tende*, de *Larche*, du *Mont Genèvre*, du *Mont Fréjus*, du *Mont Cenis*, du *Petit* et du *Grand Saint-Bernard*, du *Simplon*, du *Saint-Gothard*, du *Brenner* et de *Tarvis*.

II. **L'Italie péninsulaire** a pour ossature la chaîne de l'*Apennin* qui se recourbe en arc depuis le Golfe de Gênes jusqu'au Détroit de Messine.

C'est une chaîne récente, formée de plissements calcaires d'une altitude médiocre qui n'atteint pas 3.000 mètres dans sa partie la plus élevée, au *Gran Sasso d'Italia* (Grand Rocher) du *Massif des Abruzzes ;* aussi n'a-t-elle ni neiges persistantes, ni glaciers. Le déboisement excessif et les pluies torrentielles l'ont dénudée ; elle ne présente guère que des croupes nues.

Dans la concavité de l'arc de l'Apennin, se logent les trois principales plaines de la péninsule : celles de *Toscane* au Nord, du *Latium* au Centre, et de la *Campanie* au Sud. C'est dans la région des deux dernières plaines que se sont manifestées les actions volcaniques tant anciennes que modernes.

A l'Ouest de Naples sont les *Champs Phlégréens* ou Campagnes ardentes, réunion d'une vingtaine de volcans éteints, et à l'Est, le *Vésuve* dont la dernière éruption date de 1906.

III. **L'Italie insulaire** comprend la *Sicile*, la *Sardaigne*, l'*Ile d'Elbe* et les *Iles Dalmates*.

La *Sicile* est de même constitution que l'Italie péninsulaire dont elle est séparée par le Détroit de Messine. Cette île triangulaire est accidentée d'un massif montagneux dominé par le volcan de l'Etna, encore en activité, et entouré d'une plaine alluviale très fertile. Le *Stromboli*, dans les *Iles Lipari*, lance toujours des fumeroles. (*Voir, p. 77, 3e fig.*)

La *Sardaigne*, comme la Corse, est un reste de l'ancienne Tyrrhénéide qui occupait autrefois la Méditerranée actuelle. Elle est formée de hauts massifs arides de roches granitiques, et entourée d'une étroite bande de plaines littorales marécageuses et insalubres.

3. Côtes. — Le littoral de l'Italie est varié comme son relief.

La Plaine du Pô finit à l'**Adriatique** par un *delta sablonneux* qui s'accroît chaque jour.

La Presqu'île d'Istrie est limitée par les *Golfes de Trieste* et de *Quarnéro*.

L'Apennin descend à l'*Adriatique* en pente douce, aussi cette côte est-elle basse et rectiligne ; sa rigidité n'est interrompue que par le *Rocher d'Ancône* et le *Mont Gargano* qui forme l'éperon de la botte.

La **Mer Ionienne** baigne l'Italie au Sud-Est, entre le *Canal d'Otrante* et la Sicile. Elle forme le *Golfe de Tarente*, limité par les *Presqu'îles de la Pouille* et de la *Calabre*.

Les Alpes et les Apennins tombent généralement en **abrupt sur le *Golfe de Gênes* et sur la Mer Tyrrhénienne, aussi la côte est élevée, rocheuse,** mais **découpée de bassins d'effondrement** que les alluvions ont comblés. **Les arêtes limitant les bassins d'effondrement se prolongent** souvent au delà **des flots par des îles,** comme l'*Ile d'Elbe* et le *Rocher de Monte Cristo* en face de la **Corse** ; les *Iles Ischia* et *Capri* à l'entrée du *Golfe de Naples*. (*Voir, p. 6, 3e et 5e fig.*)

Les *côtes de la Sicile* sont basses au Sud-Ouest, rocheuses **et élevées** à l'Est et au Nord, d'où se détachent les *Iles Lipari* et *Egades*.

Les *côtes de la Sardaigne* sont généralement rocheuses **et élevées. Les *Ilots de Capréra*** et de *Maddaléna*, qui s'en **détachent au Nord-Est, gardent le *Détroit de Bonifacio*.**

4. Climat. — Par suite de la différence de relief et **d'exposition, l'Italie se divise en** *deux grandes régions* ***climatériques :*** **l'Italie continentale et l'Italie péninsulaire et insulaire.**

I. La Plaine du Pô, fermée aux influences océaniques et **méditerranéennes par** les montagnes qui l'entourent, a un ***climat semi-continental;*** ses hivers sont courts mais **froids,** et ses étés, longs et chauds.

Les *pluies* (80 cm.) sont réparties en toutes saisons et plus abondantes sur l'Adriatique qu'au pied des Alpes, car ce sont les vents de l'Est, qui viennent de traverser la mer, qui les amènent ordinairement.

A cause des froids de l'hiver, l'Italie continentale n'a que des *arbres à feuilles caduques ;* mais, par suite des fortes chaleurs de l'été, la Plaine septentrionale a des *cultures* presque ***tropicales***, comme le riz.

Les abords des lacs italiens du pied méridional des **Alpes font exception à ce climat continental. Abrités des vents du Nord et exposés au Midi,** leurs hivers sont **tièdes,** et, par suite de l'altitude et des brises de montagne, **leurs étés sont frais.** Leur *climat est méditerranéen* ainsi que leur végétation. (*Voir l'image.*)

II. L'Italie péninsulaire et insulaire a un *climat méditerranéen :* les hivers sont tièdes, et les étés très chauds ; les ***pluies*** tombent en abondantes averses au printemps et en automne. Cependant, les différences d'altitude, de latitude et d'exposition amènent de multiples variantes de température, surtout en hiver. Les *vents dominants* **sont les vents froids du Nord, en hiver ;** les vents humides de l'Ouest, au printemps et en automne ; les vents chauds **et secs du Midi, en été.**

L'Italie péninsulaire et insulaire au sol sec et rocailleux, possède une ***végétation*** nettement *méditerranéenne*. Sur les plateaux et les montagnes il n'y a ni forêts ni prairies, mais des maquis et des pâturages maigres pour chèvres et moutons. Sur les coteaux et dans les plaines, des vignes, des oliviers et même, tout au Sud, des palmiers et des bananiers.

5. Hydrographie. — Les cours d'eau italiens appartiennent à deux catégories : ceux de *régime alpestre* dans l'Italie continentale, et ceux de *régime méditerranéen*, dans l'Italie péninsulaire et insulaire.

I. L'Italie continentale possède seule des fleuves importants.

Le Pô, le principal, descend du Mont Viso et tombe vite en plaine ; aussi, n'ayant plus de pente, il est rejeté à droite et à gauche par ses affluents qui lui font décrire de nombreux méandres. Il dépose une grande quantité de limon qui exhausse son lit, et il déborderait s'il n'était

Phot. Champagne.

Côme et son lac. — Cette antique république possède une belle cathédrale en marbre blanc couronnée par un dôme imposant, et dont la façade est ornée de plusieurs statues, entre autres celles des deux Pline, nés dans cette ville. Les abords du lac sont abrités de tous côtés, sauf au sud, par de hautes montagnes; aussi jouissent-ils d'un doux climat qui attire de nombreux villégiaturistes, en été comme en hiver. La population groupée autour du lac dépasse 120.000 habitants et s'adonne à la culture des céréales, de la vigne et du mûrier pour l'élevage du ver à soie.

endigué. C'est pourquoi, villes et routes ont fui son voisinage ; les cités riveraines n'ont jamais été que des têtes de pont et des positions militaires.

Malgré sa faible longueur (672 km.), le Pô est un fleuve puissant, entraînant à la mer une grande quantité de limons qui avancent son delta de 70 m. par an.

Ses affluents de l'Apennin, alimentés par des pluies d'orage, se gonflent d'eaux boueuses au printemps et en automne, et sont presque à sec en été ; le principal est la ***Trébie*** qui descend des hauteurs qui dominent Gênes.

Ses affluents alpestres sont plus importants, car ils sont alimentés par la fonte des neiges et des glaciers, au printemps et en été, et par les pluies, en toute saison. La plupart d'entre eux se régularisent et s'épurent dans des lacs de barrage formés par les moraines frontales des anciens glaciers. Le ***Tanaro*** descend du Col de Tende, et son affluent, la ***Stura***, du Col de Larche ; la ***Doire Ripuaire*** du Col du Mont Genèvre, et la ***Doire Baltée***, du Col du Grand Saint-Bernard. Le ***Tessin*** vient du Saint-Gothard et forme le ***Lac Majeur ;*** l'*Adda* coule dans la *Vallée de la Valteline* et forme le ***Lac de Côme ;*** le ***Mincio*** déverse le ***Lac de Garde.***

Les autres fleuves de la Plaine septentrionale sont : **l'Adige, la Brenta, la Piave, le Tagliamento et l'Isonzo ;** très pauvres en été, ils roulent au printemps, à la fonte des neiges, des flots chargés de pierraille ; ils inondent la plaine et travaillent sans cesse à élargir leur delta.

II. L'Italie péninsulaire, à cause de la direction de ses montagnes, **et les Iles,** ne peuvent offrir de place à de grands fleuves. Leurs cours d'eau, alimentés seulement par des pluies d'orage, ne sont que des torrents aux crues violentes et soudaines entraînant de nombreux matériaux qu'ils déposent à leur embouchure où ils forment des plaines marécageuses.

Les rivières du versant de l'Adriatique et celles de la Sicile et de la Sardaigne sont sans importance ; les fleuves du versant Tyrrhénien sont plus longs, mais ils sont souvent coupés de cascades.

L'Arno est le fleuve de Florence ; le **Tibre,** le plus long de la Péninsule (400 km.), celui de Rome ; son affluent l'*Anio* est célèbre par ses *Cascades de Tivoli ;* le **Garigliano** descend des Abruzzes.

DEVOIR ÉCRIT. — 1. *Exercice 30 du Cahier de Croquis.* — 2. *Décrivez le relief et le climat de l'Italie péninsulaire.*

30e Leçon. — L'ITALIE POLITIQUE

1. Population. — L'Italie compte 39 millions d'habitants, de *famille gréco-latine*, de *langue italienne* et de *religion catholique*.

Malgré l'excédent des naissances, qui est de 400.000 par an, la population augmente peu car l'Italie est, par excellence, le pays de l'*émigration*. Ses émigrants se portent surtout vers les États-Unis, l'Argentine, le Brésil et la Tunisie.

La *densité* de la population est forte (124 au km²), mais elle est inégalement répartie : la Ligurie et la Lombardie au Nord, la Campanie et la Sicile au Sud, sont les provinces les plus peuplées ; la Basilicate et la Sardaigne le sont peu ; les Maremmes toscanes, la Campagne romaine et les Marais Pontins sont presque déserts.

Malgré les différences physiques et morales qui séparent les Italiens du Nord de ceux du Sud, ils sont caractérisés, en général, par l'ardeur au travail, l'âpreté au gain et la sobriété. Pouvant se contenter d'un maigre salaire, ils se rendent redoutables dans la concurrence au travail. La vendetta (*vengeance*) est une plaie du pays.

2. Gouvernement. — Aux premiers temps de l'Histoire, ce qui est maintenant l'Italie comprenait l'Italie propre ou Latium au Centre, la Gaule Cisalpine au Nord, et la Grande Grèce au Sud.

Au IIIe siècle avant notre ère, Rome parvint à dominer l'Italie, et, par elle, tout le monde connu.

A partir du ve siècle, l'Italie fut foulée aux pieds des Barbares, puis soumise à Charlemagne et aux Empereurs Allemands.

Peu à peu, il se forma des Républiques puissantes, comme celles de Gênes et de Venise ; mais elles tombèrent ensuite sous le joug autrichien, tandis que quelques royaumes conservaient leur indépendance, tels ceux de Naples, des États Pontificaux et du Piémont. C'est ce dernier État qui, aidé par la France et la Prusse, a, de 1860 à 1870, chassé l'Autriche, conquis ou annexé les autres États et formé l'unité de l'Italie, qui n'avait été, depuis les Romains, qu'une expression géographique.

Aujourd'hui, l'Italie est un *royaume constitutionnel ;* le roi et ses ministres gouvernent avec deux assemblées : le *Sénat*, nommé par le roi, et la *Chambre des députés*, élue par la nation.

3. Vie rurale et urbaine. — La population italienne, quoique aux 3/4 agricole, habite la ville ou de gros bourgs qu'elle quitte pour le travail, le matin, et où elle ne rentre que le soir. Ces villes ou ces bourgs, surtout dans l'Italie péninsulaire et insulaire, sont bâtis généralement sur des hauteurs d'où ils pouvaient jadis, plus aisément, se défendre contre un coup de main et où ils se trouvent, aujourd'hui comme autrefois, à l'écart des miasmes pestilentiels des plaines.

(Les noms des anciennes divisions politiques étant restés d'un usage courant ; on les emploiera ici.)

4. L'Italie du Nord est la partie la plus riche et la plus peuplée du royaume. Elle comprend le *Piémont*, la *Lombardie*, le *Trentin*, la *Vénétie*, l'*Istrie*, l'*Émilie* et la *Ligurie*.

a) Le **Piémont** est une riche région agricole.

Turin (500.000 h.), l'ancienne capitale des ducs de Savoie et des rois de Sardaigne et de Piémont, fabrique des lainages et des cotonnades. Elle est située sur le Pô, au croisement des voies ferrées qui traversent les Alpes occidentales.

Alexandrie (80.000 h.) est une place forte dans une plaine submersible ; *Marengo* se trouve à une dizaine de kilomètres au Sud-Est.

Novare (45.000 h.), au nord du Pô, fabrique des étoffes de laine.

b) **La Lombardie** est une plaine très fertile où l'on cultive du riz et des mûriers.

Milan (750.000 h.), la seconde ville du royaume pour

la population, rivalise avec Lyon pour l'industrie de la soie. Sa superbe cathédrale de marbre blanc fait l'admiration universelle. *Monza*, au nord de Milan, est la cité du couronnement et la résidence d'été de la cour. (*Voir p. 67, 2e image*).

Pavie (40.000 h.), l'ancienne capitale des rois lombards, évoque, avec *Montebello*, *Lodi*, *Marignan* et *Magenta*, des souvenirs de batailles.

c) Le **Trentin** est une région alpestre réunie à l'Italie à la suite de la Grande Guerre.

Trente (60.000 h.), le chef-lieu, sur l'Adige, est une vieille cité épiscopale où fut tenu le célèbre concile œcuménique du XVIe siècle.

d) La **Vénétie** est une plaine basse et fertile, mais insalubre. (*Voir, p. 78, 2e, 4e et 6e fig.*)

Venise (175.000 h.), l'ancienne capitale de la fameuse république de même nom, est bâtie sur pilotis dans une lagune du fond de l'Adriatique; elle conserve de beaux monuments de sa splendeur passée, entre autres la Cathédrale Saint-Marc et le Palais des Doges.

Padoue (115.000 h.), est célèbre par son université.

Peschiera et *Vérone* (95.000 h.), *Mantoue* et *Legnano* forment le fameux quadrilatère qui garde le débouché de l'Adige, et autour duquel tant de célèbres batailles ont été livrées, entre autres : *Arcole*, *Rivoli*, *Solférino*.

e) **L'Istrie, la Côte** et les **Iles Dalmates** ont été réunies à l'Italie en 1919.

Trieste (260.000 h.), en Istrie, et *Zara* (15.000 h.), en Dalmatie, sont des ports de commerce.

Fiume (40.000 h.) est le port naturel de la Yougo-Slavie.

f) **L'Émilie** comprend les anciens duchés de *Parme* et de *Modène* ainsi que les *Romagnes*.

Ravenne (75.000 h.), l'ancienne capitale des derniers Empereurs Romains d'Occident, des Exarques et des Goths, fut bâtie au bord de l'Adriatique dont la séparent aujourd'hui 10 km. de terres apportées par les cours d'eau.

Bologne (210.000 h.) est une importante place forte et une ville commerçante, industrielle et universitaire.

g) **La Ligurie** est le versant méridional des Apennins, sur le Golfe de Gênes.

Gênes (300.000 h.), la capitale d'une ancienne république célèbre, est le débouché de l'Italie du Nord, et, par les tunnels des Alpes, celui de la Suisse et des Pays du Rhin ; c'est le premier port de l'Italie. (*Voir p. 67, 1re image.*)

Tout le long du rivage s'échelonnent des villes actives ou des stations hivernales qui prolongent notre *Côte d'Azur* : *San Rémo* et *Savone* à l'Ouest ; la *Spezia*, le principal port militaire de l'Italie, à l'Est.

5. **L'Italie centrale** comprend la *Toscane*, les anciens États Pontificaux (les *Marches*, l'*Ombrie* et le *Latium*) et les *Abruzzes*.

a) **La Toscane**, entre l'Apennin et la Mer Tyrrhénienne, est traversée par l'Arno.

Florence (255.000 h.), sur l'Arno, la capitale d'un ancien duché, fut la cité des arts, et reste la ville des musées. (*Voir p. 76, 1re image.*)

Pise (65.000 h.), jadis capitale d'une république rivale de Gênes, est fière de ses monuments : Tour penchée, Dôme, Baptistère, Campo-Santo. (*Voir p. 76, 3e image.*)

Lucques (80.000 h.), ancienne capitale d'un duché, travaille la soie.

Livourne (115.000 h.) est un port actif.

Sienne (30.000 h.), une petite ville de l'intérieur.

b) Les **Marches** ont pour principale ville *Ancône* (65.000 h.), la seule de la Pentapole italienne qui ait conservé son ancienne importance. Au sud de la ville est le célèbre sanctuaire de *Lorette*.

La petite RÉPUBLIQUE DE SAINT-MARIN (60 km²), (12.000 h.) est située sur un contrefort de l'Apennin, entre les Marches et l'Émilie.

c) L'**Ombrie**, au centre de la Péninsule, n'a que de petites villes, heureusement situées sur des promontoires dominant les vallées de l'Apennin. Les plus connues sont *Pérouse* (75.000 h.), *Assise* (7.000 h.) et *Spolète* (25.000 h.)

d) Le **Latium** a des montagnes pittoresques, mais ses plaines sont marécageuses, insalubres et désertes.

Rome (690.000 h.), sur le Tibre, est la ville la plus célèbre de l'Univers par ses monuments et son histoire ; c'est la capitale de l'Italie et le centre du catholicisme, puisque son chef, Notre Saint-Père le Pape y réside. La campagne romaine où sévit la malaria est presque déserte ; aucune autre capitale du monde n'a d'aussi tristes environs. Mais à une trentaine de kilomètres au Sud-Est, dans des sites pittoresques, aux bords de jolis lacs, s'élèvent quelques belles villes qui servent de villégiature d'été. *Albano* est une des plus agréables. *Ostie*, l'ancien port de Rome, est ensablé ; *Civitavecchia* le remplace. (*Voir, p. 76, 2e image et. p. 77, 1re fig.*)

e) Les **Abruzzes** possèdent de nombreux bourgs perchés sur les hauteurs, mais elles n'ont pas de villes importantes.

6. **L'Italie méridionale**, l'ancien Royaume de Naples, comprend la *Campanie*, la *Pouille* la *Basilicate* et la *Calabre*.

a) La **Campanie** est d'une fertilité proverbiale qui lui a valu son nom de Terre de Labour.

Naples (780.000 h.), au fond d'une baie incomparable que domine le Vésuve, est la première ville d'Italie pour la population et l'industrie, et la seconde, après Gênes, pour le tonnage de son port. (*V. p. 6, 3e et 5e fig.*)

Gaëte (8.000 h.) et *Salerne* (45.000 h.) sont des ports sur le littoral. Le *Mont Cassin*, avec son couvent si célèbre dans l'Histoire ecclésiastique du moyen âge ; *Capoue* (12.000 h.), dont les délices étaient proverbiales ; *Bénévent* (25.000 h.), capitale d'un ancien duché, sont à l'intérieur.

b) La **Pouille** ou **Apulie** comprend tout le talon de la botte italique.

Bari (135.000 h.) est un port de pêche ; *Brindisi* (20.000 h.), le point de départ de la *Malle des Indes*.

c) La **Basilicate**, au sol marécageux et malsain, est la moins peuplée des régions italiennes.

d) La **Calabre**, montagneuse et volcanique, est souvent ravagée par des tremblements de terre. *Reggio* (85.000 h.) sur le Détroit de Messine, est la seule ville importante.

7. **L'Italie insulaire** comprend la *Sicile*, la *Sardaigne* et quelques autres îles plus petites.

a) La **Sicile** est une île montagneuse mais très fertile, que les Romains avaient surnommée le grenier de l'Italie.

Palerme (400.000 h.). la vieille capitale de l'île, est un port sur une magnifique baie de la côte septentrionale.

Messine (175.000 h.), sur le détroit qui lui doit son nom, est un port de transit ; *Catane* (255.000 h.), au pied de l'Etna, un port de pêche. (*V. p. 77, 3e fig.*)

b) La **Sardaigne** est une île montagneuse peu fertile et médiocrement peuplée. *Cagliari* (65.000 h.), la seule ville notable, est un port de la côte méridionale.

DEVOIR ÉCRIT. — 1. *Exercice 31 du Cahier de Croquis.* — 2. *Nommez les anciennes provinces de l'Italie et leurs principales villes.*

31e Leçon. — L'ITALIE ÉCONOMIQUE

1. **La vie économique** de l'Italie, si active au moyen âge, déchut beaucoup ensuite, à cause des divisions intestines et des guerres étrangères. Elle s'est réveillée depuis l'établissement de son unité politique.

2. **L'Agriculture** constitue la principale richesse du pays et occupe les 3/4 de la population.

Cependant, elle souffre de l'état de la propriété presque uniquement répartie entre les mains de gros propriétaires qui ne séjournent pas sur leurs terres et ne les font pas produire autant que ferait un petit propriétaire travaillant son propre bien. Cette situation détermine, plusieurs fois par an, une énorme émigration des montagnes vers les grands centres agricoles de la plaine.

Les *céréales*, la *betterave à sucre*, la *vigne*, les *arbres fruitiers*, le *mûrier* et le *chanvre* sont les principaux produits agricoles de l'Italie.

a) Les **céréales** sont cultivées dans les plaines : le *blé* vient en première ligne, puis le *maïs* dont on fait la polenta, sorte de bouillie qui constitue une bonne partie de la nourriture des gens de la campagne. Le *riz* croît dans la Plaine du Pô, la région la plus septentrionale de l'Europe où il soit cultivé. Les plateaux de l'Apennin ont des champs de *seigle*.

b) La **betterave à sucre** est cultivée dans la Plaine du Pô.

c) L'Italie vient au second rang dans le monde (après la France) pour la production du **vin**. Les grands vignobles sont ceux des collines du Montferrat (*vins d'Asti*), de Toscane (*le Chianti*), de Campanie (le *Lacryma Christi des pentes du Vésuve*), de Sicile (*le Marsala et le Syracuse*) et de la Côte de l'Adriatique.

d) **L'olivier** se trouve partout, sauf dans la Plaine du Pô. **Les orangers et les citronniers** prospèrent dans l'Italie méridionale et en Sicile.

e) Le **mûrier** et le **ver à soie** sont cultivés dans la Plaine du Pô, et en quantité suffisante pour placer l'Italie au troisième rang (après la Chine et le Japon), pour la production de la soie brute.

f) Le **chanvre** est cultivé dans l'Émilie ; ses tiges de 4 ou 5 mètres de hauteur sont sans rivales pour leur longueur.

3. **L'élevage** est assez médiocre. Il comprend des *bêtes à cornes* dans les Plaines du Pô, de la Toscane et du Latium, et des troupeaux de *moutons* et de *chèvres* dans l'Italie péninsulaire et dans les îles ; ces troupeaux pratiquent la transhumance, de la plaine au plateau et à la montagne.

4. **La pêche** du thon, de la sardine, de l'anchois et du corail, est rémunératrice dans le Golfe de Tarente, et autour de la Sicile et de la Sardaigne.

5. **Les productions minérales** principales sont : le *soufre*, le *marbre*, le *fer*, le *cuivre* et le *mercure*.

a) Le **soufre** est extrait surtout en Sicile qui compte 690 solfatares sur les 715 de tout le royaume.

b) Le **marbre de Carrare**, en Toscane, est le plus estimé pour sa pureté.

c) Le **fer** est exploité surtout dans l'Ile d'Elbe qui en a d'importants gisements ; le **cuivre**, en Toscane ; le **mercure**, en Istrie.

6. **L'Industrie italienne** souffre du manque complet de houille. Elle la remplace, en partie, par la *houille blanche*, mais celle-ci localise forcément les industries dans la région des chutes d'eau, au pied des Alpes surtout. Les charbons étrangers arrivent dans les ports, qui sont d'autres centres industriels.

Phot. Etab. Levy et Neurdein réunis.

1. — **Gênes** fut la capitale d'une ancienne république célèbre dont elle conserve de glorieux souvenirs et de précieux monuments. Elle s'élève en amphithéâtre au fond du golfe de même nom. Grâce aux lignes du Saint-Gothard et du Simplon, elle est devenue le port méditerranéen de la Suisse et de l'Allemagne du Sud, aussi est-elle le premier port de l'Italie ; elle rivalise avec Marseille qui a cependant réussi à maintenir sa supériorité.

Phot. Moltени.

2. — **La Cathédrale de Milan** est une église ogivale à cinq nefs avec transept à trois nefs. Elle est toute en marbre blanc. Commencée en 1386, elle ne fut achevée qu'en 1813 sur l'ordre de Napoléon. Elle fait l'admiration universelle par la richesse de ses matériaux, la finesse de ses sculptures, la multiplicité de ses élégants clochetons et ses 2.000 statues. Le clocher qui surmonte la coupole porte à 108 m. de haut une statue de la Très Sainte Vierge qui le couronne.

a) Les **industries textiles** sont les plus prospères : celles de la *soie* sont localisées dans la Plaine du Pô, ainsi que celles du *coton*, dont la matière première est importée de l'Inde et de l'Egypte.

b) Les mêmes Plaines du Nord ont encore des **industries alimentaires** : *pâtes* (surtout du macaroni), *sucre* de betterave, *fromages* (le Parmesan est le plus réputé).

c) Les **industries métallurgiques** sont concentrées dans les ports de mer, à *Gênes*, à la *Spezia*, à *Castellamare*, sur le Golfe de Naples, et à *Venise*, où arrivent facilement les minerais indigènes et les charbons étrangers.

d) Les **industries d'art** : *dentelles* et *glaces* de Venise, *mosaïques* et *albâtres* de Florence, *bijouterie de corail* de Gênes, ont conservé leur ancienne réputation.

Quant aux *chapeaux de paille* d'Italie, ils viennent surtout de la Toscane.

7. Les voies de communication demanderaient un plus grand développement.

Seule la Plaine du Pô a des **voies fluviales** et des **canaux de navigation**. Cette région est encore la mieux partagée comme **voies ferrées**. En effet, c'est vers Gênes ou Bologne que se dirigent les voies internationales qui traversent les Alpes :

A *Gênes* aboutissent les lignes de la Corniche par Nice, du Mont-Cenis par Turin, du Simplon par Novare et du Saint-Gothard par Milan. (*Voir 1re image.*)

A *Bologne* se réunissent les lignes du Brenner par Vérone, et de Tarvis par Venise. Toutes ces lignes sont reliées entre elles par des voies transversales : Turin à Venise par Novare, Milan et Vérone, et à Bologne par Alexandrie et Modène ; elles se prolongent jusqu'à Brindisi (tête de ligne du service journalier de la Malle des Indes), en suivant la côte de l'Adriatique par Ancône ou bien le littoral tyrrhénien par Livourne, Rome et Naples.

De plus la Péninsule est traversée par des voies unissant directement Rome à Bologne par Florence et à Ancône par Spolète. Enfin une voie ferrée contourne la Calabre et presque toute la Sicile.

La **flotte** marchande de l'Italie occupe le sixième rang dans le monde. Ses principaux ports sont : *Gênes*, *Naples*, *Trieste*, *Livourne*, *Brindisi*, *Palerme*, *Messine*, *Catane* et *Venise*.

8. Le commerce extérieur de l'Italie a triplé depuis l'unification du royaume.

L'Italie **importe** des *denrées alimentaires*, surtout du blé, qu'elle produit en quantité insuffisante ; de la *houille* qui lui fait complètement défaut ; du *coton* et de la *laine* pour ses industries textiles ; des *objets manufacturés* : machines et produits chimiques.

Elle **exporte** des *produits agricoles* : soies grèges, vins, chanvre, fruits et légumes ; des *produits minéraux* : soufre et marbre ; des *produits industriels* : tissus de coton et de soie, automobiles, chapeaux de paille, pâtes alimentaires et fromages.

9. Progrès et Colonies. — Depuis la réalisation de son unité politique, en 1870, l'Italie s'est bien transformée. Elle s'est donné une armée et une marine et a pris rang de grande puissance européenne.

Grâce à l'ouverture du Canal de Suez et au percement des tunnels des Alpes, qui en ont fait une contrée de transit, elle a repris, en partie, l'importance commerciale qu'elle avait au moyen âge et que lui avait fait perdre la découverte de l'Amérique en détournant vers les ports de l'Europe occidentale presque toute l'activité commerciale maritime.

Comme ses émigrants étaient vite absorbés par les populations au milieu desquelles ils s'établissaient et dont ils adoptaient même la langue, l'Italie a tenté de se créer des colonies de peuplement où ses nationaux pourraient former de nouvelles patries. Les efforts considérables qu'elle a tentés ont abouti à la création de quatre colonies assez vastes (plus de 5 fois la superficie de la métropole), mais peuplées à peine de 2 millions d'habitants, et sans grand avenir. Ce sont : l'*Erythrée* sur la Mer Rouge ; la *Côte des Somalis*, sur l'Océan Indien, et la *Lybie*. Elle occupe *Rhodes* sur la côte d'Asie Mineure.

DEVOIR ÉCRIT. — 1. *Exercice 32 du Cahier de Croquis.* — 2. *Parlez des productions agricoles de l'Italie, de celles qu'elle exporte et de celles qu'elle importe.*

32e Leçon. — LA PÉNINSULE IBÉRIQUE PHYSIQUE

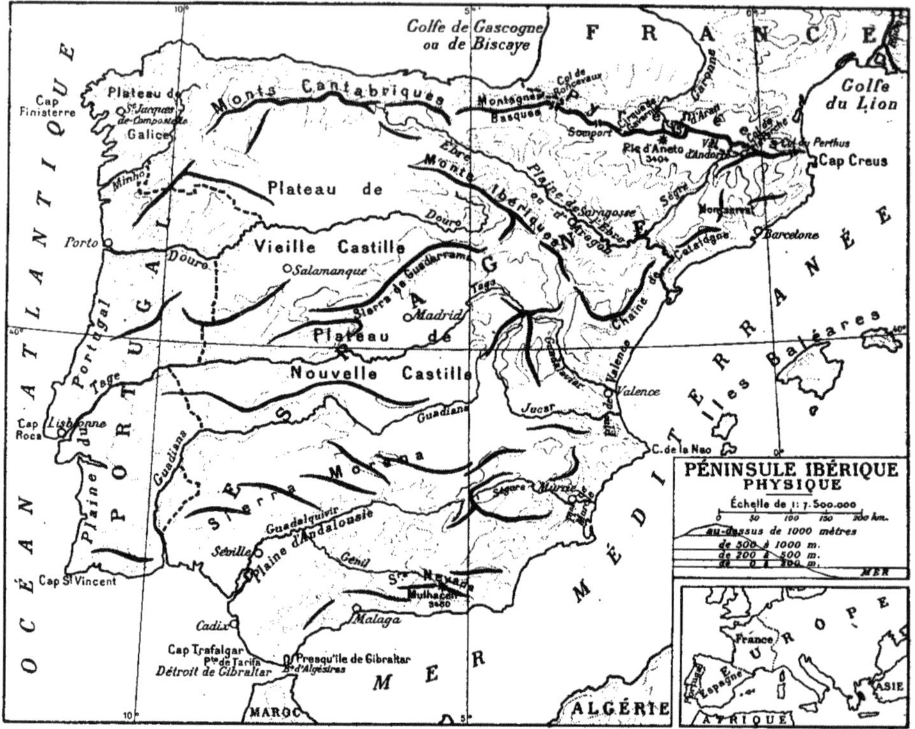

1. **Situation et étendue.** — La **Péninsule Ibérique** comprend l'*Espagne* et le *Portugal*. C'est la plus occidentale et la plus vaste des trois grandes presqu'îles de l'Europe méridionale.

Par ses contours et son relief massif, son climat et sa végétation, elle est plus africaine qu'européenne ; aussi, a-t-on pu dire que l'Afrique commençait aux Pyrénées.

2. **Sol et relief.** — De hauts *plateaux primaires* couvrent les 3/5 de la Péninsule. Ils sont inclinés du Nord-Est au Sud-Ouest : leur altitude moyenne varie de 500 à 600 mètres.

Ces plateaux sont très découpés et traversés, du Nord-Est au Sud-Ouest, par la *Sierra de Guadarrama*, de 2.000 mètres d'altitude, qui les divise en *Plateaux de Vieille et de Nouvelle Castille*. Ils sont bordés de deux lignes de hauteurs : au Nord-Est par les *Monts Ibériques*, et au Sud par la *Sierra Moréna*.

Contre ce formidable môle de roches primaires sont venues buter, plus tard, des montagnes tertiaires : au Nord les *Monts Cantabriques*, les *Pyrénées* et la *Chaîne de Catalogne ;* au Sud, la *Sierra Névada*.

a) Les **Monts Cantabriques,** de 2.000 mètres d'altitude moyenne, s'abaissent pour former, à l'Ouest, le *Plateau de Galice*, et à l'Est les *Montagnes Basques* qui les soudent aux Pyrénées.

b) Les **Pyrénées** s'étendent, du Golfe de Gascogne à la Méditerranée, sur une longueur de 400 km. Tandis que le versant français est abrupt, le versant espagnol descend en pentes douces sur une centaine de kilomètres. Le point culminant est le *Pic d'Anéto* de 3.404 mètres. Les Pyrénées forment une chaîne continue, difficile à franchir sauf aux deux extrémités : au *Col de Roncevaux* et au *Somport*, à l'Ouest ; au *Col de la Perche* et au *Perthus*, à l'Est. Les glaciers et les neiges persistantes occupent peu de place, mais les anciens glaciers y ont creusé des vallons circulaires tels que le *Cirque de Gavarnie*, le *Val d'Aran* et le *Val d'Andorre*.

c) **La chaîne de Catalogne** est découpée en pics et en aiguilles très pittoresques surtout à *Monserrat*. (*Voir l'image.*)

d) La **Sierra Névada** est ainsi appelée à cause de ses crêtes découpées en dents de scie (*sierra*, scie), et de la neige (*névada*, neigeuse) qui couvre ses sommets. Elle porte la plus haute cime de la Péninsule, le *Mulhacen* de 3.480 mètres de hauteur.

Entre les grands plateaux primaires et les chaînes tertiaires s'ouvraient deux golfes que les alluvions ont comblés et qui forment les deux seules plaines un peu étendues de la Péninsule. Au Nord-Est, entre les Pyrénées et les Monts Ibériques, la *Plaine de l'Èbre* ou *d'Aragon* qui est presque fermée, sur la Méditerranée, par la Chaîne de Catalogne ; au Sud, entre la Sierra Névada et la Sierra Moréna, la *Plaine d'Andalousie* largement ouverte sur l'Atlantique.

Les autres plaines, peu nombreuses et très étroites, sont toutes au pourtour : la *Plaine du Portugal*, à l'Ouest : *celles de Murcie* et de *Valence* à l'Est.

3. Côtes. — La mer limite la Péninsule Ibérique sur les 7/8 de son pourtour, mais elle ne la pénètre pas. C'est la plus massive des grandes presqu'îles de l'Europe.

a) Les Montagnes Basques et les Monts Cantabriques tombent en abrupt sur le *Golfe de Gascogne* (*de Biscaye*, pour les Espagnols) et sur l'Atlantique jusqu'au Minho. Ces montagnes se terminent par une côte rocheuse et élevée qui s'avance en caps, tel le *Cap Finisterre*, le plus occidental de la Péninsule, et qui se creuse de profonds *rias*, anciennes vallées submergées, analogues aux fiords de Norvège.

b) Du Minho au Guadalquivir, les Plateaux intérieurs s'avancent en des promontoires faisant saillie sur l'Océan (*Cap Roca*, *Cap Saint-Vincent*, etc.) entre lesquels s'étendent des plaines alluviales terminées par des cordons littoraux, et où les estuaires des fleuves offrent des abris naturels comme *Porto* et *Lisbonne*.

c) Au Sud, la Sierra Névada tombe en pente rapide sur la mer, où elle se termine par des caps ou des presqu'îles enserrant des baies peu étendues : *Cap Trafalgar*, *Pointe de Tarifa*, *Presqu'île de Gibraltar* qui limite, à l'Ouest, la *Baie d'Algésiras*. (*Voir le carton p. 72.*)

d) Les Plaines de Murcie et de Valence sont séparées par le *Cap de la Nao* que prolongent au large les *Iles Baléares*.

e) Enfin la Chaîne de Catalogne, tombe brusquement sur la Méditerranée, formant une côte élevée rocheuse et peu découpée, mais offrant quelques bons ports comme *Barcelone*.

4. Climat et végétation. — Par sa latitude, la Péninsule Ibérique appartient à la *zone tempérée chaude ;* mais sa situation entre deux mers de caractère différent, et son relief, la divisent en *trois zones de climat et de végétation.*

1° Les côtes du Golfe de Gascogne et de l'Atlantique, au Nord et à l'Ouest, étant exposées aux vents tièdes et humides de l'Océan, sont *tempérées et bien arrosées ;* elles conviennent aux prairies et aux forêts. La Galice, la plus favorisée de ce groupe est appelée la *Bretagne espagnole*. Saint-Jacques de Compostelle, son chef-lieu, a une moyenne de 7° en hiver, de 19° en été, et 1 m. 65 de pluie par an.

2° Les côtes du Sud et de l'Est ainsi que les **Baléares**, ont un *climat méditerranéen*. Les étés sont secs et chauds, et les hivers tièdes. Les brouillards et les gelées y sont inconnus. Les pluies sont rares et tombent en automne. Malaga compte, en moyenne, 13° en hiver et 27° en été, avec 59 cm. de pluie ; Barcelone, 9° en hiver, 26° en été et 57 cm. de pluie. Toute cette zone serait un maquis si l'irrigation ne la transformait en cultures de céréales et de fruits.

3° Les Plateaux intérieurs ainsi que la **Plaine de l'Èbre** subissent, par suite de l'altitude ou des hauteurs qui les entourent, le *climat continental* des bassins fermés. Les pluies, arrêtées par le rebord montagneux, y sont rares et tombent au printemps ; la moyenne y est de 40 cm. sur les Plateaux et de 30 cm. à Saragosse dans la Vallée de l'Èbre. En hiver, cette zone est balayée par le glacial *Norté ;* et, en été, le *Solano* venant d'Afrique dessèche tout de son souffle brûlant. Ainsi les hivers sont longs et rigoureux et les étés courts et chauds.

PHOT. É. ID. Levy et Neurdein réunis.

Le Montserrat est un petit massif montagneux à l'ouest de Barcelone. C'est un amas de cailloux calcaires, granitiques et schisteux empâtés dans une argile rougeâtre, et provenant d'anciennes montagnes démolies par les courants. Ravinée par les eaux, cette montagne a un aspect ruiniforme très pittoresque ; aiguilles et colonnes se profilent sur le ciel, ce qui lui a valu son nom de *Montagne de la scie*. Elle fut habitée, dès le IXe siècle, par des Bénédictins qui y construisirent un monastère, et où les pèlerins se rendent en foule tous les ans pour y prier dans un sanctuaire vénéré de Notre-Dame.

« Neuf mois d'hiver et trois mois d'enfer », dit un proverbe espagnol pour caractériser le climat des Plateaux castillans. Cette zone est dépourvue d'arbres ; elle porte des céréales et de maigres pâturages pour chèvres et moutons.

5. Hydrographie. — Les Plateaux espagnols sont inclinés du Nord-Est au Sud-Ouest : aussi, la plupart des cours d'eau suivent cette pente et vont à l'*Atlantique*.

Le Minho, le fleuve de la Galice, sépare, dans son cours inférieur, l'Espagne du Portugal. **Le Douro** traverse la Vieille Castille. Le Tage vient de la Nouvelle Castille et finit par le magnifique estuaire de Lisbonne. **La Guadiana** sépare, en deux points, les deux Etats de la Péninsule. **Le Guadalquivir**, grossi du *Génil* qui descend du Mulhacen, traverse la Plaine d'Andalousie où il est navigable, grâce aux neiges de la Sierra Névada qui maintiennent son cours assez abondant ; d'ailleurs la marée qui le remonte jusqu'à Séville permet son accès aux gros navires jusqu'à cet endroit.

La *Méditerranée* reçoit peu de cours d'eau. La **Ségura** finit dans la Plaine de Murcie ; le **Jucar** et le **Guadalaviar**, dans celle de Valence. **L'Èbre**, le plus important, draine une grande vallée et coupe la Chaîne littorale de la Catalogne par une cluse sinueuse semée de rapides ; il est grossi de la *Sègre* qui vient du Col de la Perche.

Sauf le Guadalquivir, tous ces cours d'eau, venant des plateaux, coulent au fond de gorges profondes et sont coupés de rapides à leur passage du plateau à la plaine : de plus, alimentés par des pluies irrégulières, ils sont souvent presque à sec, tandis qu'ils roulent parfois des flots immenses chargés de matériaux qu'ils déposent à leurs embouchures ; ils élargissent ainsi les plaines littorales qu'ils ont formées. Les Espagnols les comparent plaisamment aux étudiants de l'ancienne université de Salamanque qui avaient « deux mois de cours et dix mois de vacances ».

Ces fleuves, impropres à la navigation, servent du moins à l'irrigation des plaines qu'ils traversent.

DEVOIR ÉCRIT. — 1. *Exercice 33 du Cahier de Croquis.* — 2. *Parlez du relief, du climat, de la végétation et des cours d'eau des Plateaux intérieurs de la Péninsule Ibérique.*

33e Leçon. — LA PÉNINSULE IBÉRIQUE POLITIQUE

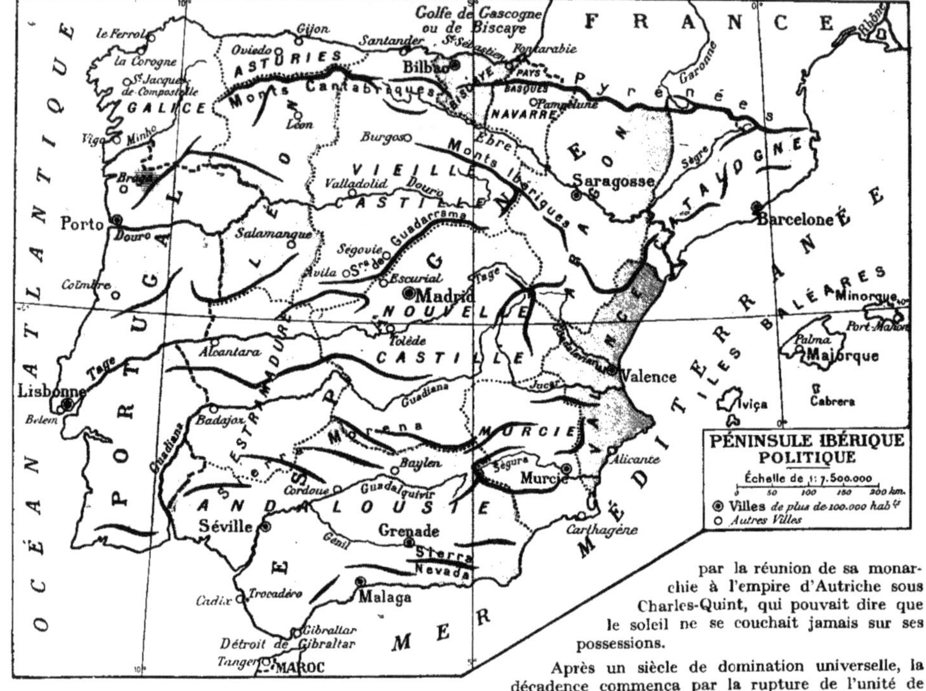

1. Populations de la Péninsule. — A l'origine, les Ibères et les Celtes peuplèrent cette Péninsule à laquelle les premiers ont donné leur nom. Ils forment le fond de la population. Les Romains les vainquirent après des luttes ardentes, et leur imposèrent leur langue et leur civilisation. Plus tard, la religion (le catholicisme) leur vint aussi de Rome. Après les Grandes Invasions qui ne laissèrent que des traces locales (Vandales dans la plaine du Guadalquivir, qui prit le nom d'Andalousie, Wisigoths en Castille), vinrent les Arabes, au VIIe siècle, qui dominèrent toute la Péninsule, ou quelques-unes de ses parties, pendant sept siècles, et où ils ont laissé de nombreux vestiges de leur occupation, dans la langue, dans les habitations ouvertes sur une cour intérieure, le patio, et dans plusieurs monuments de leur architecture.

Les peuples chrétiens vaincus ne désarmèrent pas, et une *guerre de reconquête*, qui dura jusqu'à la complète expulsion des Arabes de la Péninsule, marqua chacune de ses étapes par la fondation d'un nouvel État. Peu à peu, le hasard des mariages réunit tous ces États chrétiens sous l'autorité du roi de Castille qui se trouva alors assez puissant pour chasser complètement les Maures de l'Espagne, en 1492.

Avec le XVIe siècle, l'Espagne fut à l'apogée de sa puissance par la possession de ses colonies d'Amérique et par la réunion de sa monarchie à l'empire d'Autriche sous Charles-Quint, qui pouvait dire que le soleil ne se couchait jamais sur ses possessions.

Après un siècle de domination universelle, la décadence commença par la rupture de l'unité de la Péninsule, lorsque le Portugal se sépara, en 1640.

Depuis cette époque, la Péninsule compte deux États : l'Espagne et le Portugal. Leurs populations, mélanges des nombreuses races établies dans le pays, sont fort différentes de caractères, aussi, en Espagne, aspirent-elles à la séparation régionaliste. Cependant, toutes possèdent des caractères communs bien originaux : elles ont une foi ardente, sont fières avec dignité, courageuses avec ténacité, généreuses, mais féroces dans leurs vengeances ; elles aiment à voir couler le sang comme semblent l'indiquer les courses de taureaux dont elles sont passionnées.

ESPAGNE

2. Étendue, population et gouvernement. — L'Espagne occupe les 5/6 de la Péninsule. Son étendue égale les 9/10 de celle de la France. Elle compte 21 millions d'habitants (41 au km²), de *langue espagnole* (appelée castillane par les Espagnols) et de religion catholique.

Le Gouvernement est une monarchie constitutionnelle. Le roi gouverne à l'aide de ministres responsables devant les Chambres ou Cortès, composées de Sénateurs, et de Députés élus au suffrage universel.

3. Régions et villes. — Les anciens royaumes forment autant d'unités géographiques dont les noms sont encore fréquemment employés, quoiqu'ils n'entrent guère plus dans le cadre administratif.

I. *Le Nord-Ouest* est occupé par la *Galice* et les *Asturies*.

a) La **Galice** eut pour capitale *Saint-Jacques de Compostelle* (25.000 h.) qui attira, pendant des siècles, des milliers de pèlerins au tombeau de l'Apôtre saint Jacques le Majeur. *Le Ferrol* (25.000 h.) est un port militaire ; *La Corogne* (65.000 h.) et *Vigo* (15.000 h.), de petits ports de commerce sur de profonds rias.

b) Les **Asturies** eurent pour capitale *Oviédo* (25.000 h.) dont *Gijon* (30.000 h.) est le port.

II. *Au Nord-Est* se trouvent la *Biscaye*, la *Navarre* l'*Aragon* et la *Catalogne*.

a) La **Biscaye** a pour port *Bilbao* (115.000 h.) qui exporte du minerai de fer. *Saint-Sébastien* (65.000 h.) et *Fontarabie* (20.000 h.) sont des stations balnéaires. Le nord de la Biscaye et de la Navarre forme le *Pays Basque* espagnol, peuplé d'une race originale et ancienne, qui parlerait l'antique langue des Ibères.

b) La **Navarre** a pour capitale *Pampelune* (25.000 h.).

c) L'**Aragon** eut pour capitale *Saragosse* (145.000 h.), sur l'Èbre, dont le sanctuaire de Notre-Dame del Pilar est très fréquenté.

d) La **Catalogne** possède le premier port de l'Espagne, *Barcelone* (710.000 h.), qui est aussi un centre important d'industries métallurgiques et textiles. (*Voir l'image, p. 73.*)

III. Le *Sud-Est* comprend les provinces de *Valence*, de *Murcie* et d'*Andalousie*. Grâce au climat et à l'irrigation, ce sont les plus riches de l'Espagne. Elles furent le séjour préféré des Maures qui y ont laissé de nombreux monuments de leur architecture.

a) **Valence** (245.000 h.), autrefois capitale d'un royaume, est bâtie au centre d'une plaine fertile en orangers. *Alicante* (65.000 h.) a des vins renommés.

b) **Murcie** (145.000 h.), au milieu d'une riche plaine, a pour port *Carthagène* (50.000 h.), la vieille cité des Carthaginois.

c) L'**Andalousie** est la plus vaste et la plus riche des régions espagnoles.

Séville (210.000 h.) sur le Guadalquivir que les gros navires peuvent remonter jusque sous ses murs, grâce à la marée, est riche en beaux monuments : l'Alcazar, palais arabe du XIIe siècle, et la cathédrale, une des plus vastes églises ogivales de la chrétienté.

Cordoue (75.000 h.), sur le Guadalquivir, fut la capitale du Kalifat arabe de Cordoue. Elle avait à cette époque une renommée universelle pour ses universités et ses industries de cuir repoussé. De son ancienne splendeur, elle garde une mosquée transformée en cathédrale.

Grenade (105.000 h.) s'étale au milieu de la verdure sur le versant Nord de la Sierra Névada. Ce fut la capitale du dernier royaume maure. Son Alhambra est tout un monde avec ses vastes appartements et ses tours, ses cours et ses jardins. (*Voir p. 76, 4e image.*)

Malaga (150.000 h.) exporte des fruits et des vins renommés.

Cadix (76.000 h.) est un port de guerre et de commerce sur une langue de terre qui forme une baie avec le promontoire du Trocadéro.

IV. Le *Plateau Ibérique* comprend la *Vieille* et la *Nouvelle Castille*, l'*Estramadoure* et *Léon*. Torrides ou glacées suivant la saison, et sèches en tout temps, ces contrées sont les plus déshéritées et les moins peuplées de la Péninsule. Cependant au moyen âge le pays était plus peuplé, car il était plus fertile ; c'est le déboisement qui l'a ruiné. Ses villes anciennes en sont la preuve avec leurs églises immenses, leurs Alcazars ou châteaux-forteresses et leurs enceintes de murs crénelés devenues trop larges.

a) La **Vieille Castille** a pour port *Santander* (76.000 h.).

Burgos (15.000 h.), la première capitale des rois de Castille, est fière de sa superbe cathédrale ; *Valladolid* (76.000 h.), de son ancienne université ; *Ségovie* (15.000 h.), de son Alcazar ; *Avila* (12.000 h.), d'avoir été le berceau de sainte Thérèse.

b) La **Nouvelle Castille** possède *Madrid* (755.000 h.), la capitale de « toutes les Espagnes » depuis Philippe II. Cette ville s'élève sur les Plateaux, au centre de la Péninsule. Au Nord-Ouest, sur les pentes de la Sierra de Guadarrama, dont les eaux pures alimentent la ville, est bâti l'Escurial, résidence et nécropole royale, « le Versailles et le Saint-Denis de l'Espagne ». (*Voir p. 76, 5e image.*)

Tolède (25.000 h.), l'ancienne capitale des Wisigoths et des Arabes, conserve de beaux monuments du passé, entre autres l'Alcazar qui domine la ville. Ses universités et ses fabriques d'armes étaient jadis fort réputées. (*Voir p. 76, 6e image.*)

c) L'**Estramadoure** n'a pas de grandes villes. *Alcantara* (4.000 h.) qui doit son nom à un vieux *pont* romain sur le Tage et *Badajoz* (30.000 h.), sur la Guadiana, sont les plus connues.

d) La **Province de Léon** a pour chef-lieu *Léon* (12.000 h.), la vieille capitale des Romains et de l'ancien royaume de même nom. C'est un marché de moutons. *Salamanque* (20.000 h.) est célèbre par sa vieille université qui fut, au XVIe siècle, « une des quatre reines de la science avec Paris, Oxford et Bologne ».

V. Les **Baléares** se composent de trois îles principales : *Iviça*, *Majorque* chef-lieu *Palma* (46.000 h.) et *Minorque*, chef-lieu *Port-Mahon* (16.000 h.).

PORTUGAL

4. Le royaume de Portugal fut fondé, au XIe siècle, aux dépens des provinces arrachées aux Maures. Aux XVe et XVIe siècles, il eut son époque de grandeur. Ses explorateurs lui conquirent le littoral de l'Afrique et de l'Inde, toute l'Insulinde et le Brésil. Mais sa puissance fut de courte durée. Annexé à l'Espagne de 1580 à 1640, il perdit bientôt ses possessions de l'Inde et de l'Insulinde ; le Brésil lui échappa en 1821.

5. Population et villes. — Le Portugal est une République. Il égale le sixième de la France et compte 6 millions d'habitants (65 au km²) de *langue portugaise* et de *religion catholique*.

Lisbonne (490.000 h.), la capitale, est un grand port de transit, à l'embouchure du Tage. (*V. p. 6, 4e et 6e fig.*)

Porto (205.000 h.), la seconde ville de la République, est bâtie sur l'estuaire du Douro, à 7 km. de la mer. Elle fait un grand commerce d'oranges et de vins.

Braga (25.000 h.) et Coïmbre (20.000 h.) sont de vieilles villes universitaires.

DEVOIR ÉCRIT. — 1. *Exercice 34 du Cahier de Croquis.* — 2. *Nommez les régions et les villes principales de la Péninsule Ibérique.*

34e Leçon. — L'ESPAGNE ET LE PORTUGAL ÉCONOMIQUES

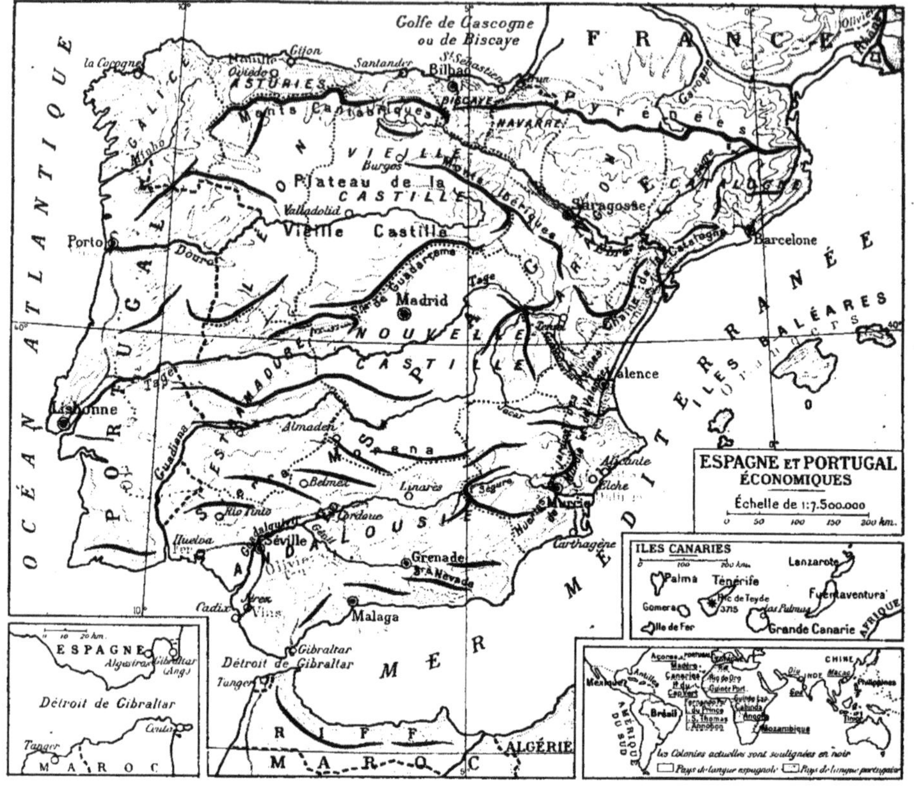

ESPAGNE

1. **Pauvreté économique de l'Espagne.** — Très riche autrefois, l'Espagne commença à déchoir à partir du XVIe siècle.

La *Guerre de reconquête* avait porté les Espagnols à n'estimer que le métier des armes ; l'abondance des métaux précieux qu'ils tiraient d'Amérique les déshabitua du travail. Aujourd'hui les 3/10 des Espagnols sont inscrits comme étant « sans profession ». Le travail manuel est peu estimé, ce qui multiplie les fonctionnaires et les bureaucrates, ainsi que les vagabonds.

A ces causes de décadence s'en ajoutent d'autres qui ne sont souvent que des conséquences de cette mésestime du travail manuel : 1° L'extrême sécheresse et l'infertilité naturelle de vastes régions que le travail aurait pu transformer; 2° les difficultés des communications qui paralysent l'exploitation agricole et minière ; 3° la politique douanière trop protectionniste ; 4° enfin, la mauvaise répartition des impôts et le gaspillage des finances au profit des politiciens de village (les caciques), tout-puissants aux élections. Le Gouvernement actuel semble vouloir établir de judicieuses réformes.

2. **L'Agriculture** souffre du manque de bras et de capitaux, ainsi que de la sécheresse et de l'infertilité naturelle des régions élevées.

Les **céréales** ne suffisent pas à l'alimentation. Le ***blé***, ***l'orge***, le ***seigle***, ***l'avoine***, le ***maïs*** sont cultivés, au Nord et au Nord-Est, dans la Vieille Castille, la Navarre, l'Aragon et la Catalogne.

Les **oliviers** et les **arbres fruitiers** (orangers, citronniers, amandiers, grenadiers, figuiers) sont la richesse de l'Andalousie, des Baléares et surtout des huertas de Murcie et de Valence. Ces *huertas* ou jardins sont dus à l'irrigation créée et réglementée par les Maures et continuée par les Espagnols. Les eaux des montagnes sont emmagasinées, par de grands barrages, dans les hautes vallées et distribuées ensuite, par des canaux, dans les plaines qui sont ainsi d'une étonnante fertilité. Sous les oliviers, les orangers ou la vigne, on cultive le blé, le maïs et les légumes qui donnent deux récoltes par an ; les prairies peuvent être fauchées jusqu'à dix fois.

Elche a une grande *palmeraie*, la plus septentrionale de toutes, et la seule qui existe en Europe.

La vigne est la production fondamentale de l'Espagne ; ses vins du Nord, très forts en couleur, servent aux coupages ; ceux du Midi sont des vins de prix : *Alicante, Malaga, Jérez.*

Le Nord-Ouest a des *pommiers à cidre* et des *forêts* de chênes et de châtaigniers. Les montagnes de la Catalogne et de l'Andalousie portent des *chênes-lièges.*

3. L'élevage est assez développé. Les pâturages gras des régions océaniques du Nord et du Nord-Ouest nourrissent du *gros bétail.* Les *taureaux de courses* sont spécialement élevés en Andalousie.

Les petits *chevaux andalous* de race arabe sont fort estimés ; mais les bêtes de somme les plus répandues en Espagne sont les *ânes* et les *mulets.* Les *porcs* sont élevés en grand nombre dans les régions de chênes de l'Estramadoure et du Nord-Ouest.

Les moutons constituent la principale ressource de l'élevage ; ils sont nombreux surtout dans la Sierra Moréna et sur les plateaux de la Vieille Castille.

4. L'industrie espagnole dispose de nombreux produits minéraux concentrés au Nord et au Sud de ses Plateaux primaires : dans les *Monts Cantabriques* et dans la *Sierra Moréna* ; mais elle manque de capitaux ; aussi l'extraction est-elle souvent aux mains des étrangers, et ses produits sont, en grande partie, exportés bruts.

La houille n'existe que dans deux petits bassins aux environs d'*Oviédo*, dans les Asturies, et de *Belmez*, en Andalousie. Par contre les minerais sont abondants : le **fer** est exploité autour de *Bilbao* en Biscaye, de *Huelva* en Andalousie, et de *Téruel* en Aragon ; le **cuivre**, dans la région de *Rio-Tinto* ; le **mercure**, à *Almaden*, et le **plomb argentifère**, à *Linarès.*

Seules la Biscaye et la Catalogne ont une certaine activité industrielle. La *Biscaye* a des **usines métallurgiques** qui utilisent le minerai de ses montagnes. La *Catalogne* travaille les **laines** du pays, et les **cotons** importés de l'étranger.

5. Les voies de communication demanderaient à être améliorées et développées : les *routes* sont insuffisantes et mal entretenues ; le *Guadalquivir* est le seul fleuve navigable ; les chemins de fer ont des tarifs trop élevés, sont peu étendus et d'une lenteur proverbiale.

Les **principales voies ferrées** rayonnent de Madrid vers les grandes villes du pourtour. (*Etudiez-les sur la carte.*)

La *flotte marchande* a un tonnage faible qui ne suffit pas pour assurer le trafic de l'Espagne, pourtant peu développé. Barcelone, Bilbao, Malaga, Cadix et Santander sont les *ports* principaux.

6. Le commerce comprend : **l'importation** de *grains* et autres *produits alimentaires*, du *coton* et des *machines*, et **l'exportation** des *vins*, des *oranges*, de l'*huile* et des *cotonnades.*

7. Possessions extérieures. — L'Espagne, autrefois la première puissance coloniale du monde, n'a plus aujourd'hui que des possessions sans importance.

Les **Canaries** sont considérées comme province de l'Espagne et non comme colonie. Elles se composent de douze îlots et de sept îles plus grandes : *Ténérife*, la principale, porte un volcan célèbre ; c'est par l'*Ile de Fer* qu'on a longtemps fait passer le méridien initial. Le sol très fertile de ces îles et leur climat délicieux les rendent très prospères.

C'est en Afrique que se trouvent toutes les possessions

Phot. Etab. Lévy et Neurdein réunis.

Barcelone s'étend au bord de la mer sur un terrain s'élevant en pente douce vers les montagnes qui l'entourent de tous côtés. Le long du quai, sur la belle Promenade de Colomb, s'élève la statue de Christophe Colomb portée sur une colonne de 60 m. de hauteur (au centre de l'image). Le port, le premier de l'Espagne, est en relation avec les grands ports de la Méditerranée et de l'Amérique du Sud.

de l'Espagne : le **Riff** sur la Méditerranée ; le **Rio de Oro** et la **Guinée espagnole** sur l'Atlantique, enfin les **Iles Fernando-Po** et **Annobon.** Ce qui fait 1.100.000 habitants sur une étendue égale aux 3/5 de celle de la métropole.

PORTUGAL

8. Vie économique. — Comme l'Espagne, le Portugal souffre du manque de bras et de capitaux ; aussi sa vie économique est peu active.

L'agriculture est sa principale richesse. La *vigne* tient la première place et fournit les vins renommés de Porto et de Madère ; puis viennent les *arbres fruitiers* (oliviers, orangers, citronniers) et les *céréales.* La *pêche* est la grande ressource de la côte.

L'industrie existe à peine, au Portugal, car l'Angleterre, qui est son principal fournisseur et client, s'est toujours efforcée d'y entraver toute tentative de développement industriel. Ses tissus de coton et de laine, et ses conserves de sardines et de thon constituent sa principale industrie

Le commerce du Portugal est en grande partie aux mains des Anglais qui en **exportent** des *vins*, des *huiles* et des *fruits* et y **importent** des produits de leurs manufactures.

9. Colonies. — De son immense empire colonial d'autrefois, le Portugal n'a conservé que quelques débris encore importants cependant, puisque leur étendue égale près de quatre fois la superficie de la France et qu'ils sont peuplés de 9 millions d'habitants.

Outre les *Açores* et *Madère* qui sont considérées comme des provinces de l'Etat, le Portugal possède encore : en Afrique, les *Iles du Cap Vert*, une partie de la *Côte de Guinée*, l'*Angola* et le *Mozambique*, les *Iles Saint-Thomas* et du *Prince ;* en Asie, quelques comptoirs de l'Inde (*Goa* et *Diu*) ; *Macao* en Chine, et une partie de *Timor.*

10. GIBRALTAR est un rocher de 1 km. de large sur 5 de long et 300 à 400 mètres de haut ; une zone basse et marécageuse le rattache au continent avec lequel il forme la *Baie d'Algésiras.* Il est hérissé de batteries qui en font une formidable forteresse aux mains des Anglais qui l'occupent depuis 1704. La ville, perchée sur le rocher, en face d'Algésiras, est un port de guerre et un entrepôt de commerce et de contrebande.

DEVOIR ÉCRIT. — 1. *Exercice 35 du Cahier de Croquis.* — 2. *Parlez des productions agricoles de l'Espagne et du Portugal.*

35e Leçon. — LES GRANDES VOIES DE COMMUNICATION

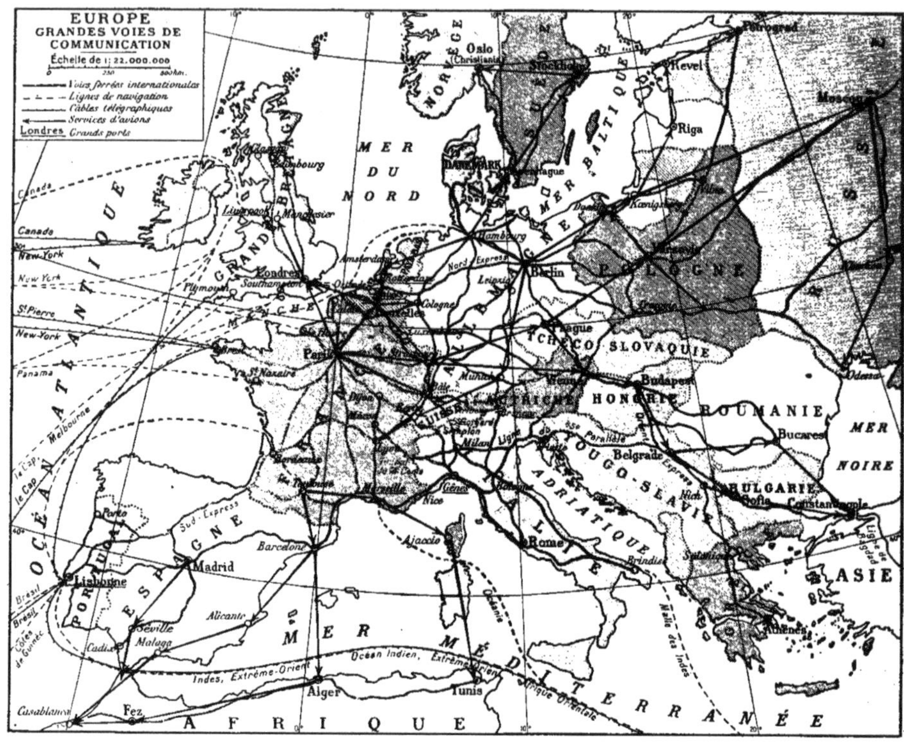

1. Grandes voies ferrées. — I. **Les grandes voies ferrées de l'Europe,** parcourues par des express, suivent deux directions principales : la *direction longitudinale,* du Sud-Ouest au Nord-Est, suivant le grand axe de l'Europe, et la *direction transversale,* du Nord-Ouest au Sud-Est.

1° Les **principales lignes longitudinales** relient les grandes capitales de l'Europe. Leurs trains de luxe transportent surtout des voyageurs allant à leurs affaires politiques ou diplomatiques, ou bien à leurs plaisirs. Le *Sud-Express* va de Lisbonne ou de Madrid à Paris, et le *Nord-Express,* de Paris à Cologne, à Berlin, puis à Pétrograd par Vilna, ou à Moscou par Varsovie. D'autres lignes se relient à la précédente et la complètent :

a) Ostende et Bruxelles à Cologne ;

b) Cadix à Berlin par Madrid, Lyon, Bâle et Leipzig.

c) Nice à Pétrograd ou *à Moscou* par Gênes, Milan, Vienne, Cracovie et Varsovie.

2° Les **lignes transversales** transportent surtout des commerçants et des marchandises ; elles mettent l'Europe occidentale et centrale en rapport avec l'Europe méridionale et les lignes maritimes pour l'Orient.

a) Londres à Marseille par Calais, Paris et Lyon.

b) Londres à Gênes par Calais, Paris, Mâcon et le Tunnel du Mont Cenis.

c) Londres à Brindisi (tête de ligne de la Malle des Indes) par Calais, Paris, Dijon, le Tunnel du Simplon, Milan et Bologne, ou par Ostende, Bruxelles, Luxembourg, Bâle et le Tunnel du Saint-Gothard.

d) Berlin à Gênes par Leipzig, Munich, le Tunnel du Brenner et Milan, ou *à Odessa* par Cracovie.

e) Les lignes de l'Europe du Nord-Ouest et du Centre se réunissent à Vienne, et, sous le nom d'*Orient-Express,* passent à Budapest, Belgrade et Nich, où elles se bifurquent sur Salonique et Athènes, et sur Constantinople, d'où elles se prolongent par la *Ligne de Bagdad.*

f) La *ligne du Simplon-Orient-Express,* dite du 45e *parallèle,* qui est destinée à concurrencer la ligne allemande Orient-Express par Vienne, passerait par Milan, Trieste et Belgrade, où elle rejoindrait la ligne précédente.

II. Les **transcontinentaux** sont : (*Voir la mappemonde.*)

1° En Asie : le *Transsibérien* qui unit l'Europe à l'Océan Pacifique ; le *Transaralien* et le *Transcaspien* qui unissent la Russie au Turkestan ; les lignes qui traversent l'Inde et la Chine.

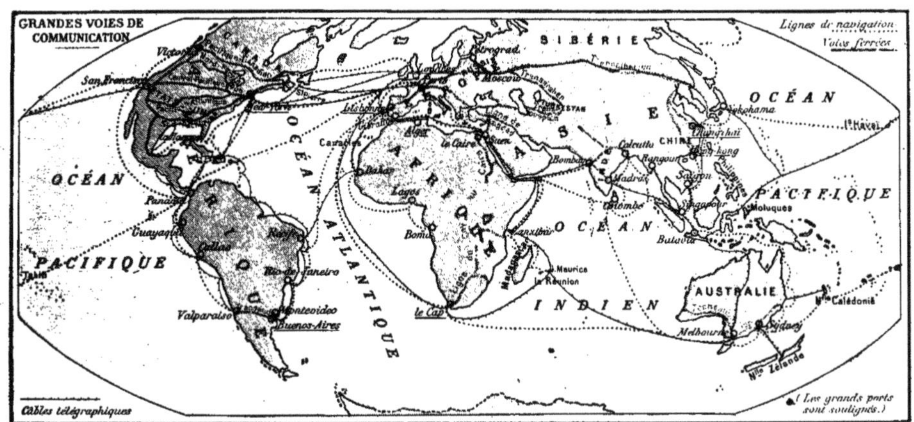

2° En Océanie : le *Transaustralien.*

3° En Afrique : la ligne de *Casablanca à Tunis* par Fez, Alger (*Voir la carte d'Europe*) ; les trois tronçons de la ligne du *Cap au Caire.*

4° En Amérique : le *Pacifique Canadien* ; puis le *Nord-Pacifique*, le *Central-Pacifique*, le *Pacifique-Atlantique* et le *Sud-Pacifique* des États-Unis ; enfin le *Transandin ;* toutes ces lignes unissent l'Atlantique au Pacifique.

2. Ports. — Les **15 plus grands ports** du monde sont : New-York, Londres, Hambourg, Anvers, Hong-Kong, Liverpool, Rotterdam, Changhaï, Marseille, Alger, Gênes, Le Cap, Lisbonne, Buenos-Aires et Glasgow.

3. Navigation maritime. — Les principales **flottes marchandes** se classaient, en 1922, dans l'ordre suivant : Grande-Bretagne et Colonies, 20 millions de tonnes ; États-Unis, 17 millions ; France et Japon, 3 millions ½ ; Italie, Norvège et Hollande, 2 millions ½ ; Allemagne, 2 millions ; Espagne et Suède, 1 million de tonnes.

Les grandes **lignes de navigation** maritime peuvent se classer ainsi :

a) Les *Lignes du Canada* partant de Liverpool.

b) Les *Lignes de New-York* partant de Liverpool, Southampton, Le Havre, Anvers, Hambourg, avec prolongement de New-York sur la Havane et le Canal de Panama.

c) Les *Lignes directes pour le Canal de Panama* partant de Liverpool, Southampton et Saint-Nazaire ; de Panama les services se continuent, au Nord, vers San Francisco et Victoria, et, au Sud, vers Guayaquil, Callao et Valparaiso.

d) Les *Lignes du Brésil et des Etats de la Plata* partant de Liverpool, de Southampton et de Bordeaux pour Lisbonne, les Canaries, Récife, Rio de Janeiro, Montevideo et Buenos-Aires.

e) Les *Lignes des côtes de Guinée*, partant de Liverpool, du Havre et de Bordeaux, et touchant à Lisbonne, aux Canaries, à Dakar, à Lagos et à Boma.

f) La *Ligne du Cap et Melbourne* partant de Plymouth.

g) Les *Lignes de l'Afrique Orientale et de l'Océan Indien* partant de Southampton et de Marseille, pour Suez, Zanzibar, Madagascar, la Réunion et Maurice.

h) Les *Lignes des Indes* partant de Southampton pour Suez, Bombay ou Colombo, Madras, Calcutta et Rangoun.

i) La *Malle des Indes* partant de Brindisi pour Bombay.

j) Les *Lignes d'Extrême-Orient* partant de Southampton ou de Marseille pour Suez, Colombo, Singapour, Saïgon, Hong-Kong, Changhaï et Yokohama, avec correspondance pour San Francisco ; ou bien de *Colombo à Melbourne* et Sydney, avec correspondance pour la Nouvelle-Zélande et la Nouvelle-Calédonie, et pour Panama par Tahïti, ou pour San Francisco par Havaï ; ou bien encore de Singapour à Batavia et aux Moluques.

4. Navigation aérienne. — Depuis la Grande Guerre l'avion est devenu un moyen rapide de transport pour voyageurs et marchandises. Quelques services réguliers sont déjà établis : Paris-Londres ; Paris-Bruxelles-Amsterdam ; Paris-Strasbourg-Prague-Varsovie ; Paris-Vienne-Budapest-Belgrade-Bucarest-Constantinople ; Paris-Bâle ; Toulouse-Barcelone-Malaga-Casablanca, etc. (*Voir la carte d'Europe.*)

5. Communications télégraphiques. — Des câbles télégraphiques terrestres ou sous-marins réunissent les différentes Parties du monde.

L'Angleterre en possède les trois quarts, et seul son réseau est complet. Elle est unie au *Canada* et aux *Etats-Unis* par neuf câbles sous-marins ; au *Brésil*, par un câble qui part de Lisbonne ; au *Japon*, par un câble qui va de l'Angleterre à Gibraltar, Suez, Bombay, Madras, Singapour, Saïgon, Hong-Kong et Changhaï ; au *Cap* par deux lignes faisant le tour de l'Afrique, l'une par l'Atlantique, l'autre par la Méditerranée et l'Océan Indien ; de plus, elle communique avec l'*Australie* par Maurice et Singapour.

La France est unie, par quatre câbles sous-marins, à *Saint-Pierre* et au *Canada*, à *New-York* et à *Dakar.*

Un câble sous-marin américain unit San Francisco aux *Philippines.*

Enfin une ligne terrestre unit la Russie à l'*Océan Pacifique* à travers la Sibérie et se continue jusqu'au Japon.

DEVOIR ÉCRIT. — *Quelles voies ferrées et quelles lignes de navigation emprunteriez-vous pour faire le tour de la Terre par le Nord de l'Asie et de l'Amérique ?*

SUPPLÉMENT D'ILLUSTRATION POUR L'ITALIE ET L'ESPAGNE

Phot. Étab. Lévy et Neurdein réunis.

1.— **Florence** s'étend sur les deux rives de l'Arno, entre des collines semées de jardins et de villas. Son influence sur la Renaissance des lettres et des arts fut considérable ; aussi offre-t-elle, avec des églises et des palais remarquables, de très riches musées qui en font le type des villes artistiques. On voit ici l'ancien Palais ducal, à gauche, et la Cathédrale ou le Dôme, à droite.

Phot. Étab. Lévy et Neurdein réunis.

2. — Rome, la capitale de l'Italie et du monde catholique, est bâtie sur le Tibre dont la largeur est de 60 m. Parmi les ponts qui la traversent, le plus célèbre est le Pont Saint-Ange qui fait face au Château Saint-Ange, palais-forteresse qu'on voit à droite de l'image. A gauche on distingue le dôme de la Basilique Saint-Pierre qui porte sa croix à 134 mètres de hauteur.

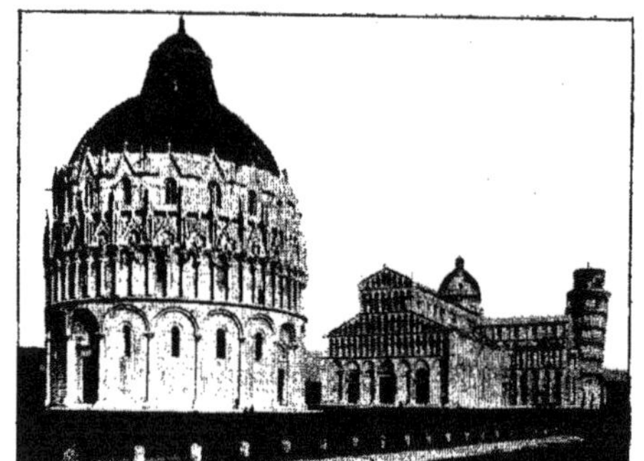

Phot. [illegible] Presse ".

3. — **Pise**, jadis capitale d'une république rivale de Gên[illegible] est fière de ses monuments, surtout du Baptistère, de la Cathédrale, de la Tour penchée et du Campo-Santo, construits l'un à côté de l'autre, en marbre de Carrare, blanc comme l'albâtre. La Cathédrale est dominée par un dôme supporté par des colonnes ; trois grandes portes en b[illegible]onze donnent accès dans la nef et sont surmontées de quatre étages de fines colonnettes. La Tour penchée a 56 m. de haut et 17 m. de diamètre; la dérivation perpendiculaire est d[illegible] m. 30.

Phot. Vérascope Richard.

4. — Grenade s'étale, au milieu de la verdure, dans un cirque bien abrité, sur le versant septentrional de la Sierra Névada. La vue est prise du Généralife, ancien palais des rois Maures, bâti sur une colline, et séparé de l'Alhambra, à gauche de l'image, par une petite plaine très fertile. L'Alhambra, ancien palais-forteresse des Maures, est lourd et banal à l'extérieur, mais l'intérieur est incomparable par l'ordonnance générale, la grâce des ornements, la variété des dessins (les arabesques) et la richesse des sculptures.

Phot. " [illegible] ".

5. — **L'Escurial**, à la fois monastère, palais et to[illegible]s rois d'Espagne, fut construit, par Philippe II, en souvenir de sa victoire de Saint-Quentin, remportée le 10 août 1557, jour de la fê[illegible] saint Laurent. Il a la forme d'un gril, par allusion à l'instrument de supplice de ce saint. Le manche est figuré par un bâtiment [illegible] saillie, les barreaux par des bâtiments transversaux, et les pi[illegible] par les tours des quatre angles. Le dôme de l'église, qui recouv[illegible]s sépultures royales, porte sa croix à 95 m. de hauteur.

Phot. Étab. Lévy et Neurdein réunis.

6. — **Tolède**, ancienne capitale de l'Espagne avant Madrid, est le type des vieilles cités espagnoles du moyen âge, et, de toutes, c'est la plus célèbre. Elle est bâtie sur une roche granitique qu'entoure un ravin au fond duquel coule le Tage. La Cathédrale, à gauche de l'image, et l'Alcazar, vieille forteresse qui sert aujourd'hui d'Ecole militaire, la dominent. A l'intérieur ce ne sont que ruelles étroites et escarpées bordées de hautes maisons aux rares fenêtres, et aux portes massives bardées de fer.

SUPPLÉMENT D'ILLUSTRATION

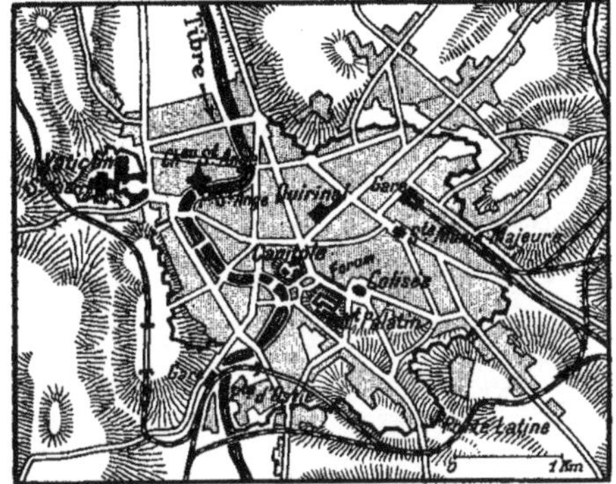

1. — Plan de Rome.

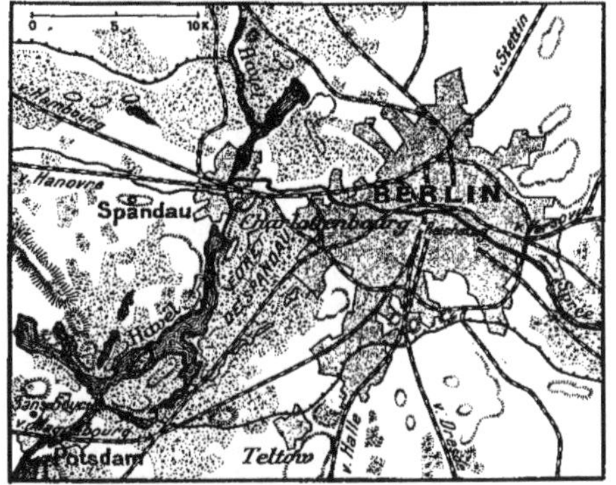

2. Berlin et ses environs.

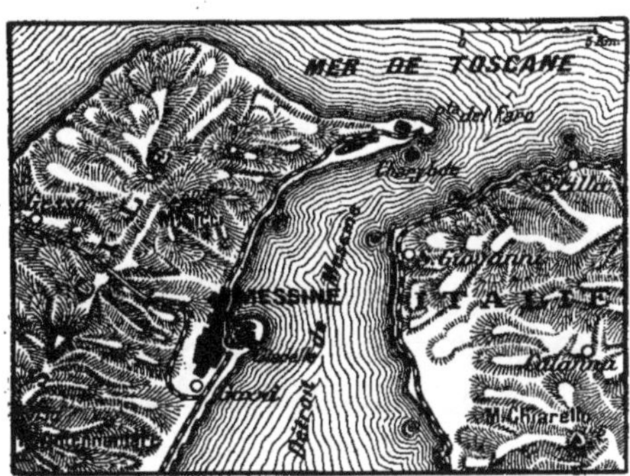

3. — Le Détroit de Messine.

4. — L'Isthme de Corinthe.

5. — **Londres.** Une abbaye construite au VIIᵉ siècle, à l'Ouest du Vieux Londres, donna son nom au quartier actuel de Westminster (*West*, ouest ; *minster*, monastère). De ce monastère, il reste une église restaurée qu'on aperçoit à gauche de l'image. L'édifice qui longe la Tamise, sur 287 mètres de longueur, est le Palais de Westminster ou du Parlement.

6. — **Vienne** s'étale dans la plaine de la rive droite du Danube. L'Hôtel de Ville, avec sa tour de 100 mètres de haut, au milieu de l'image, est un des plus beaux qui soient au monde. Le grand bâtiment de gauche est le Parlement. Les allées ombragées du premier plan font partie du Ring, belle promenade circulaire qui entoure la partie ancienne de la ville.

SUPPLÉMENT D'ILLUSTRATION

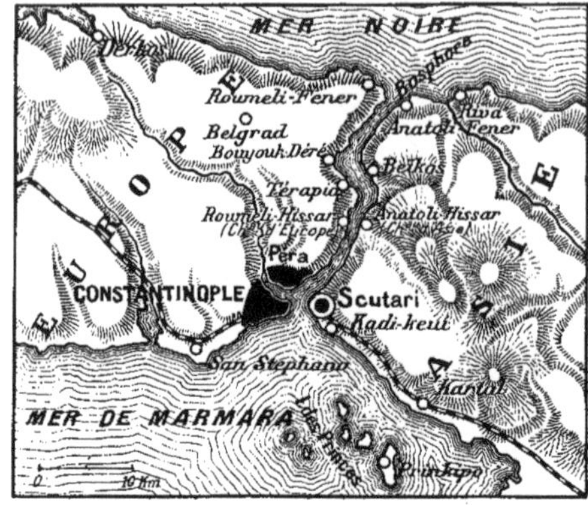

1. — Le Bosphore.

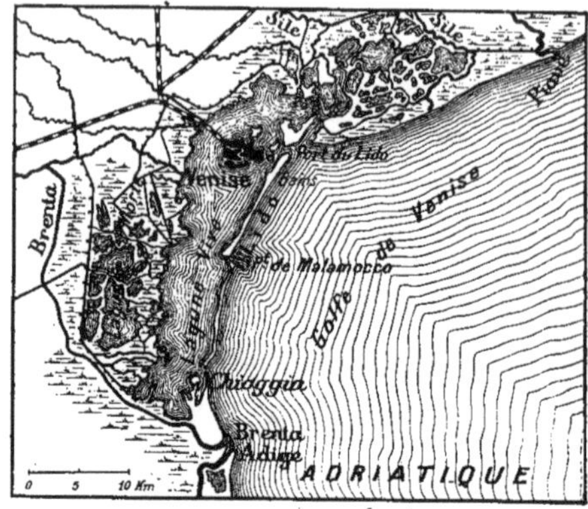

2. — Les lagunes de Venise.

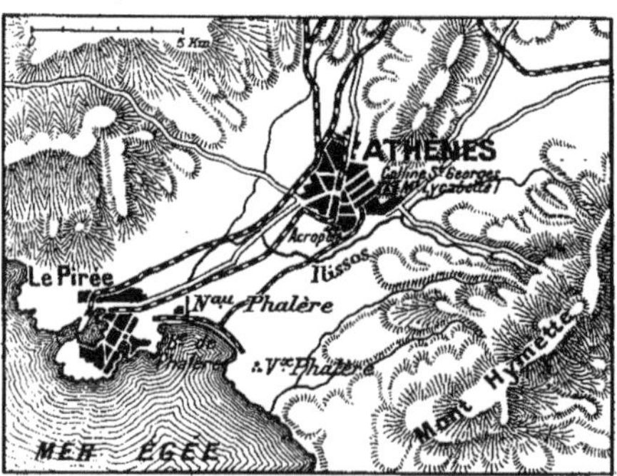

3. — Athènes et le Pirée.

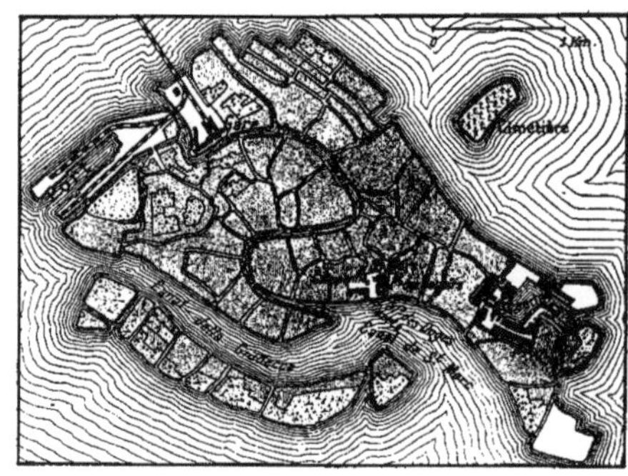

4. — Plan de Venise.

5. — Athènes, la capitale de la Grèce, étale ses maisons modernes dans une petite plaine entre le rocher de l'Acropole, tout à droite de l'image, et la colline du Lycabete, au milieu. La ville ancienne, célèbre par ses souvenirs historiques et ses œuvres d'art, occupait l'Acropole et ses pentes, ainsi que les terrains non bâtis du premier plan. Elle garde encore de superbes ruines : l'image nous montre, à droite, le temple du Parthénon qui domine l'Acropole, et à gauche, dans la plaine, le Théséion ou temple de Thésée.

6. — Venise n'a point de rues ; les canaux en tiennent lieu ; on y circule en gondole. Le Grand Canal que l'on voit ici, au premier plan forme l'artère centrale ; il est bordé de places, de palais et d'églises. Le campanile, de 98 m. de hauteur, qui domine l'ensemble, est séparé du Grand Canal par le Musée et la Bibliothèque ; le Palais des Doges est à droite de la Petite Place (la Piazzetta) où se dressent deux colonnes de granit, et il est réuni au bâtiment qui lui fait suite par le Pont des Soupirs.

POPULATION ET SUPERFICIE COMPARÉES DES ÉTATS DE L'EUROPE

POPULATION			SUPERFICIE		
ÉTATS	ABSOLUE	RELATIVE	ÉTATS	ABSOLUE	Comparée à celle de la France
1er Russie	102.000.000 hab.	22	1er Russie	4.600.000 km²	8
2e Allemagne	60.000.000 —	123	2e France	551.000 —	1
3e Grande Bretagne	43.000.000 —	180	3e Espagne	500.000 —	9/10
4e France	40.000.000 —	71	4e Allemagne	470.000 —	7/8
5e Italie	39.000.000 —	124	5e Suède	448.000 —	4/5
6e Pologne	29.000.000 —	71	6e Finlande	387.000 —	2/3
7e Espagne	21.000.000 —	41	7e Pologne	386.000 —	2/3
8e Roumanie	17.000.000 —	53	8e Norvège	323.000 —	3/5
9e Tchécho-Slovaquie	14.000.000 —	97	9e Italie	312.000 —	3/5
10e Yougo-Slavie	12.000.000 —	48	10e Roumanie	301.000 —	3/5
11e Hongrie	8.000.000 —	86	11e Yougo-Slavie	250.000 —	1/2
12e Belgique	7.600.000 —	251	12e Grande Bretagne	229.000 —	2/5
13e Hollande	7.000.000 —	205	13e Tchécho-Slovaquie	141.000 —	1/4
14e Autriche	6.500.000 —	79	14e Grèce	122.000 —	1/5
15e Suède	6.000.000 —	14	15e Bulgarie	103.000 —	1/5
16e Portugal	6.000.000 —	65	16e Hongrie	93.000 —	1/6
17e Grèce	5.000.000 —	40	17e Portugal	91.000 —	1/6
18e Bulgarie	5.000.000 —	47	18e Autriche	80.000 —	1/7
19e Suisse	4.000.000 —	95	19e Lettonie	65.000 —	1/8
20e Finlande	3.400.000 —	10	20e Lithuanie	54.000 —	1/10
21e Danemark	3.300.000 —	74	21e Esthonie	47.000 —	1/12
22e Norvège	2.600.000 —	8	22e Danemark	43.000 —	1/13
23e Lithuanie	2.500.000 —	48	23e Suisse	41.000 —	1/13
24e Lettonie	1.800.000 —	28	24e Albanie	35.000 —	1/15
25e Turquie d'Europe	1.500.000 —	62	25e Hollande	34.000 —	1/16
26e Esthonie	1.100.000 —	23	26e Belgique	30.000 —	1/18
27e Albanie	850.000 —	23	27e Turquie d'Europe	24.000 —	1/23
28e Sarre	590.000 —	305	28e Luxembourg	2.600 —	1/212
29e Danzig	366.000 —	190	29e Sarre	1.925 —	1/289
30e Luxembourg	265.000 —	102	30e Danzig	1.900 —	»
31e Monaco	23.000 —	15.666	31e Andorre	450	»
32e Saint-Marin	12.000 —	197	32e Liechtenstein	160 —	»
33e Leichtenstein	11.000 —	62	33e Saint-Marin	61 —	»
34e Andorre	5.000 —	11	34e Monaco	1,57	»
Total en nombre rond	460.000.000 d'h.	47	Total en nombre rond	10.000.000 de km²	

Les dessins de ce Manuel sont dus à M. Maurice Dessertenne, et les cartes, à MM. Besson et Paillard.

Les clichés ont été exécutés par la Photogravure Mauge.

La composition typographique est sortie de l'Imprimerie des Orphelins-Apprentis d'Auteuil, et le tirage, des presses de l'Institut Cartographique de Paris.

La reliure est de la Maison Audevard.

A tous ceux qui ont collaboré à ce Manuel, les Auteurs et les Éditeurs sont heureux d'exprimer ici toute leur gratitude.

www.ingramcontent.com/pod-product-compliance
Ingram Content Group UK Ltd.
Pitfield, Milton Keynes, MK11 3LW, UK
UKHW022117260726
13993UKWH00003B/1069

9 782329 281513